BIBLIOTHÈQUE
DE PHILOSOPHIE CONTEMPORAINE

LA JUSTICE PAR L'ÉTAT

ÉTUDE DE MORALE SOCIALE

PAR

PAUL LAPIE

Maître de conférences à l'Université de Rennes

PARIS
ANCIENNE LIBRAIRIE GERMER BAILLIÈRE ET Cie
FÉLIX ALCAN, ÉDITEUR
108, BOULEVARD SAINT-GERMAIN, 108

1899

LA JUSTICE

PAR L'ÉTAT

FÉLIX ALCAN, ÉDITEUR

AUTRE OUVRAGE DE M. PAUL LAPIE

Les Civilisations tunisiennes (Musulmans, Israélites, Européens). Étude de psychologie sociale. 1 vol. in-12 de la *Bibliothèque d'histoire contemporaine*. . **3 50**

LA JUSTICE

PAR L'ÉTAT

ÉTUDE DE MORALE SOCIALE

PAR

PAUL LAPIE

Maître de conférences à l'Université de Rennes.
Agrégé de philosophie.

PARIS

ANCIENNE LIBRAIRIE GERMER BAILLIÈRE ET Cie

FÉLIX ALCAN, ÉDITEUR

108, BOULEVARD SAINT-GERMAIN, 108

1899

Quelques-unes des idées contenues dans ce volume ont été exposées, sous une forme identique ou sous une forme différente, dans la *Revue de Métaphysique et de Morale* (mai 1896, septembre 1896, septembre 1897, mars 1898, janvier 1899). C'est pour l'auteur un très agréable devoir de remercier ici la *Revue* de l'hospitalité qu'elle a bien voulu lui offrir.

LA JUSTICE PAR L'ÉTAT

INTRODUCTION

MÉTHODE DE LA MORALE SOCIALE

Problème de la morale sociale : l'idéal social et les moyens de l'atteindre. Méthodes proposées : 1° sciences indépendantes de la morale : histoire, sociologie; 2° morale indépendante de la science; 3° distinction, dans la morale sociale, d'une téléologie rationnelle et d'une technique empirique. — Méthode adoptée : alliance de la raison et de l'expérience dans la téléologie et dans la technique sociales.

On connait le mot de Taine : « En 1849, ayant vingt et un ans, j'étais électeur et fort embarrassé. » En 1899, combien de Français, ayant vingt et un ans ou davantage, éprouvent un semblable embarras ? Il y a cinquante ans, le suffrage universel venait d'être institué, et l'on comprend que cette nouveauté ait déconcerté les esprits. Ce n'est plus pour nous une nouveauté, mais nous n'en sommes pas moins troublés : le suffrage universel nous interdit d'éviter, en nous jetant dans la pure spéculation, les problèmes politiques et sociaux ; il a comblé l'abime qui séparait jadis la vie active et la vie contemplative ; aujourd'hui, l'homme de cabinet, « l'umbratilis » est un fossile ; s'il existait encore des tours d'ivoire, les journaux en franchiraient les portes et les habitants seraient forcés d'en sortir pour déposer un bulletin dans l'urne électorale. Chaque citoyen a le devoir de s'interroger sur l'idéal de la vie sociale et sur les moyens de l'atteindre ; chaque citoyen doit, sinon construire pour sa gouverne toute une morale sociale, du moins faire avec soin son examen de conscience politique.

Comme au temps de Taine, deux écoles offrent de nous guider :il faut, dit l'une, interroger les sciences historiques et sociales ; il suffit, dit l'autre, d'interroger sa raison. Quel guide allons-nous suivre ?

Taine avait foi dans l'histoire. La constitution qu' « il nous faut, disait-il, il s'agit de la *découvrir*, si elle existe, et non de la mettre aux voix [1] ». Mais si elle n'existe pas, comment la découvrir ? Or, elle ne peut pas exister : les constitutions passées ne sauraient convenir à un peuple vivant, ni les constitutions étrangères au peuple français. L'histoire nous apprend que chaque peuple, que chaque génération d'un même peuple a ses besoins spéciaux ; il s'agit donc non de « découvrir », mais d'inventer la constitution « appropriée » à nos besoins. Dès le premier pas, la méthode historique se heurte à une contradiction : nous lui demandons : « Que faire ici, que faire aujourd'hui ? » Elle nous répond : « Voyez ce qu'on fait ailleurs, voyez ce qu'on faisait hier. »

Taine cependant continue : « Nos préférences seraient vaines : d'avance la nature et l'histoire ont choisi pour nous... La forme sociale et politique dans laquelle un peuple peut entrer et *rester* n'est pas livrée à son arbitraire, mais déterminée par son caractère et son passé [2]. » Ce raisonnement serait juste si le gouvernement idéal était nécessairement un gouvernement stable et si le caractère d'un

(1) *Origines de la France contemporaine*, t. I, p. III.
(2) *Id.*, *loc. cit.*

peuple était l'œuvre exclusive de « la nature et de l'histoire ». Mais il n'est pas évident que la valeur des constitutions se mesure à leur durée : l'Empire libéral n'a eu qu'un an d'existence; valait-il moins que l'Empire autoritaire dont la vie fut dix-sept fois plus longue ? Taine pose un postulat qui établirait au bénéfice des longs règnes une sorte de prescription et qui ferait d'un régime illégal le régime idéal quand le temps aurait effacé le souvenir de sa tache originelle. Et ce postulat, où le prend-il ? dans l'histoire ? L'histoire montre-t-elle que la stabilité gouvernementale est désirable ? Elle montre que la stabilité est désirable quand le gouvernement est bon et l'instabilité désirable quand le gouvernement est mauvais ; elle ne permet pas de faire de la stabilité le Bien politique en soi. En adoptant ce postulat, Taine abandonne la méthode historique et combat un *a priori* par un autre *a priori*.

D'autre part, il n'est pas évident non plus que l'âme nationale soit l'œuvre du destin. Mais admettons même ce fatalisme : nous sommes liés par des traditions, nos aïeux ont pris pour nous des engagements que nous sommes condamnés à tenir ; les lois de la géographie et les lois de l'histoire déterminent notre conduite. Soit. Il nous reste du moins l'illusion de la liberté, et cette illusion suffit pour nous obliger à chercher notre devoir social non dans l'histoire du passé, mais dans notre conscience actuelle. Même emporté par le courant de l'évolution, l'homme s'imagine qu'il est guidé par sa conscience, et sa conscience l'affranchit, au moins en apparence, des engagements qu'elle n'a pas signés comme des traditions qu'elle ne comprend pas ou qu'elle condamne. Peu importe que ce rôle de la conscience soit vain et qu'elle s'agite en vraie mouche du coche sans faire avancer l'attelage : il suffit qu'elle s'agite et qu'elle ne puisse pas ne pas s'agiter pour qu'elle ait à chercher dans quel sens elle doit s'agiter. Ce n'est donc pas l'histoire des actions, bonnes ou mauvaises, de nos ancêtres qui nous éclairera sur nos propres devoirs. Sans doute cette histoire nous expliquera celles de nos habitudes, celles de nos institutions dont nous avons oublié le vrai sens ; elle nous inspirera de l'indulgence pour les actions de nos devanciers, mais elle sera muette sur nos obligations. Sans doute, comme le dit Taine, il faut « se figurer la nation avant de rédiger la constitution ». Mais l'image de la nation, on ne la trouvera pas moins fidèle dans la conscience des fils que dans le tombeau des pères; visitons pieusement les tombeaux de nos pères, mais faisons au retour l'examen de notre conscience.

La science sociale sera-t-elle pour notre conscience politique un guide plus sûr que l'histoire? Mais la science sociale n'est pas définitivement constituée : n'est-il pas prématuré de lui demander des règles pratiques? Dans son état actuel, elle fournit des armes à tous les partis. Quand, séduits par des métaphores plaisantes et par le prestige du monisme scientifique, les sociologues comparèrent la société à un organisme, chaque parti s'imagina que « la science » confirmait sa politique : « Pas d'organisme sans tête, » s'écrièrent les monarchistes. — « Chaque cellule a sa vie autonome, » répondirent les libertaires. — « Il y a solidarité entre les membres et l'estomac, » observèrent certains socialistes. Fort judicieusement les modérés remarquaient que la croissance s'opère sans secousses, mais les révolutionnaires clamaient d'un ton farouche : « l'œuf se brise pour donner naissance à l'oiseau. » Il n'est pas sûr que des théories moins superficielles ne se prêtent pas, comme la théorie bio-sociale, à des interprétations aussi variées que les désirs des interprètes. Tant que les lois de la sociologie ne seront pas aussi certaines que les lois de la physique ou de la biologie, cette science ne pourra nous imposer aucun programme politique.

Que faire, en attendant? Obéir à sa conscience : c'est, nous dit-on, la seule attitude morale puisque le devoir politique, comme tout devoir, nous est dicté par la voix intérieure ; et c'est la seule attitude possible puisque la science, au moins provisoirement, renonce à nous éclairer. Il en est de la morale sociale comme de tout art : on voudrait fonder les règles pratiques sur des vérités certaines, mais on est forcé d'agir avant de connaître ces vérités : on s'est nourri avant d'étudier le tube digestif; on a joué de la flûte avant de faire la théorie des vibrations ; de même nous sommes bien obligés d'improviser quelques préceptes de morale sociale sans les fonder sur les lois de la science.

Cette doctrine, plus ou moins nettement formulée, inspire la grande majorité des hommes. C'est qu'elle réduit au minimum l'effort et les scrupules : elle dispense de longs raisonnements sur la fin de la société politique et sur la valeur des programmes ; entre deux ou dix bulletins de vote l'électeur peut choisir au hasard de ses impulsions ou de ses préférences instinctives : c'est sa conscience qui a décidé, et sa conscience est souveraine. — On oublie que la conscience a le devoir de s'éclairer. Si la science sociale ne nous présente pas de vérités indubitables, du moins ses renseignements sont-ils plus sérieux que les indications de l'instinct. Elle nous permet de porter des jugements motivés sur les hommes et sur les institutions. Nous n'avons donc pas le droit d'agir au hasard et d'invoquer pour justifier cette conduite la souveraineté de la conscience : sommes-nous assurés, en pareil cas, de lui avoir obéi ? Notre esprit est comme une armée où les subordonnés prennent le ton des chefs : on ne peut distinguer les uns des autres qu'aux motifs qu'ils donnent pour expliquer leurs ordres : quand nous sommes incapables d'exposer les raisons de nos actes, ce n'est pas la conscience, mais la passion ou le préjugé qui les a suggérés ; et quand nos raisons sont mauvaises, contraires aux données les plus vraisemblables de la science, la conscience a beau nous excuser, nous sommes coupables. L'idéal politique, comme tout idéal, doit exposer ses titres à la raison, la conscience doit être éclairée par la science.

Acceptée par la « philosophie paresseuse » des foules, la doctrine qui sépare la morale sociale de la science est défendue par les Kantiens au nom de l'autonomie de la raison pratique. En France, la forme la plus neuve de cette théorie se trouve dans le livre de M. Henry Michel sur l'*Idée de l'État*. M. Michel fait à la science sa part : il lui abandonne le soin de déterminer les moyens de réaliser l'idéal politique, mais il revendique pour la conscience le droit de définir cet idéal [1]. Le reproche qu'il adresse

(1) *Idée de l'État*, passim : p. VIII, 76, 570, 617, 634, 640, etc.

à la philosophie politique du XVIIIe et du XIXe siècle c'est d'avoir confondu la méthode de la téléologie et la méthode de la technique sociale. L'école de Rousseau déterminait à priori les moyens comme les fins ; la sociologie « scientifique » détermine empiriquement les fins comme les moyens. Les métaphysiciens tracent sur le papier de belles constitutions politiques, rédigent des plans financiers qui supprimeront la misère, rêvent la destruction de toute autorité et de toute inégalité, mais ces inventions « improvisées » ne soutiennent pas le choc de l'expérience. Rousseau ne se contentait pas de proclamer le droit à l'existence : il imaginait des « greniers publics[1] » destinés à le garantir, et la naïveté de cette solution, renouvelée de Joseph fils de Jacob, a jeté le discrédit sur la théorie tout entière. Les empiristes, au contraire, éliminent toute conception à priori : ce n'est pas la conscience, mais l'expérience qui fixe les droits de l'homme. Les droits de l'homme, ce sont les libertés garanties par des textes ou par des coutumes : ils en concluent que ces droits sont nuls : l'homme n'ayant jamais joui d'une pleine liberté n'en jouira jamais ; les aspirations de la conscience ne prévaudront pas contre les décrets de la science. — Les « greniers » de Rousseau pouvaient être plaisants, mais il n'est pas moins plaisant de chercher dans la réalité morte l'image de l'avenir idéal. Il faut donc, selon M. Michel, prendre une troisième attitude; la morale sociale, comme tout art, comprend deux parties : une téléologie et une technique. Il faut concevoir l'idéal, puis le réaliser; si l'exécution exige le concours de l'ex-

(1) *Idée de l'État*, p. 82.

périence, l'invention de l'idéal est affranchie de cette nécessité. Pour peindre, l'artiste doit tenir compte de la toile et des couleurs, mais le choix du sujet dépend de sa fantaisie. De même si la liberté et la justice sont des biens, l'histoire et la sociologie nous enseigneront le moyen de les acquérir; la conscience seule nous dira leur prix.

Par les critiques que nous avons adressées aux deux théories extrêmes, on peut prévoir que nous chercherons la solution du problème dans une théorie synthétique analogue à celle de M. Michel. Nous devons seulement nous demander s'il est possible de séparer aussi nettement qu'il le fait la conscience et la science, l'à priori et l'à posteriori, pour constituer d'une part une téléologie rationnelle et d'autre part une technique empirique.

Comment l'homme connait-il son idéal social ? Lui est-il révélé par un cri soudain de la conscience ou lui est-il progressivement dévoilé par de lentes acquisitions de l'esprit ? M. Michel reconnait la vérité de la seconde alternative puisqu'il assigne une origine historique aux idées de justice et de liberté, puisqu'il parle des « acquisitions », des « conquêtes » de la conscience et nous la montre « en quête » d'une conception de la justice élargie par le « progrès des lumières [1] ». Les variations de la science concourent donc à faire varier l'idéal social : la connaissance des moyens influe sur la conception des fins. Et en effet une fin n'est clairement conçue que si elle paraît réalisable. Le désir avorte quand aucun espoir ne luit. Ce n'est pas aux

(1) *Idée de l'État*, p. 73, 641, 643.

périodes de despotisme absolu que naît l'idée de liberté; c'est quand la liberté est possible, quand elle commence à se réaliser par l'affaiblissement du pouvoir, ou quand on n'a pas perdu le souvenir d'une liberté passée, qu'on désire la liberté future. D'autre part, l'homme dont les ressources augmentent voit ses besoins s'accroître : c'est une loi bien connue qui explique la fuite indéfinie du bonheur : que signifie-t-elle si elle n'est pas une nouvelle preuve que les moyens influent sur les fins? Si donc les moyens sont connus par l'expérience, les fins sont tout au moins suggérées par l'expérience. Sans doute c'est un besoin rationnel qui nous dicte notre idéal politique comme il nous dicte tout idéal : si nous n'étions pas des machines à penser, nous ne serions pas troublés par la vue des contradictions sociales et nous n'aurions pas le désir de les lever ; le contraste du « progrès et de la pauvreté », les conflits de l'équité et du code ne nous paraîtraient pas illogiques et par suite nous laisseraient indifférents. Mais si rationnelle que soit notre conscience elle ne nous donne des ordres qu'à l'occasion des faits ; notre machine à penser ne fonctionne pas à vide : il faut que l'expérience nous présente ces contradictions pour que notre grand besoin de cohérence logique nous inspire le désir de les détruire. C'est donc par une alliance de la raison et de l'expérience que nous concevons les fins de la vie sociale.

C'est de même par une alliance de la raison et de l'expérience que, pour atteindre ces fins, nous choisissons nos moyens. Sans doute les moyens sont toujours suggérés par l'expérience. Mais pourquoi, de deux moyens qu'elle suggère, choisir l'un plutôt que l'autre, sinon parce qu'il paraît *a priori* mieux approprié à la fin rêvée? Et cette dépendance des moyens par rapport aux fins peut s'expliquer : comment trouvons-nous les moyens? En supposant l'idéal réalisé : avant toute expérience, nous construisons la solution du problème, puis nous cherchons les conditions de cette solution et les conditions de ces conditions jusqu'au moment où nous arrivons à un état qui peut être l'effet de l'état actuel. Nous bâtissons dans l'avenir la cité de nos rêves, puis nous faisons l'histoire de ses origines en « remontant » jusqu'à nos jours. Notre raisonnement est analogue à l'analyse du mathématicien ; comme elle il suppose connu l'inconnu et il remonte de condition en condition jusqu'au moment où il prend pied en terrain connu. Mais le connu, en politique, c'est ce qui est donné par l'histoire du passé et la vue du présent : pour réaliser mon idéal, j'en dois donc déduire les conditions jusqu'au moment où ma déduction rencontrera les données expérimentales ou historiques. Si cette rencontre n'a pas lieu, mon idéal n'est pas réalisable ; si elle se produit, je puis agir. La technique, comme la téléologie politique, est donc l'œuvre commune de l'expérience et de la raison.

En résumé, nous refuserons de laisser la direction de notre conscience politique à la morale indépendante de la science comme à la science indépendante de la morale, mais nous chercherons quel idéal social inspire à la raison l'expérience, puis nous examinerons, à l'aide de la raison et de l'expérience, quelle forme nous devons donner à l'État et quelles fonctions nous devons lui confier si nous voulons réaliser notre idéal.

CHAPITRE PREMIER

L'IDÉAL DE L'ÉTAT

I. Exposé et discussion de l'Étatisme. — II. Exposé et discussion de l'individualisme. — III. La justice fin de l'État.

Avant de nous dicter ses préceptes, la morale sociale doit définir l'idéal dont elle ordonnera la réalisation. La première question qu'on ait à se poser, en entrant dans la vie civique, est celle-ci : « Que viens-tu faire dans cette galère? Pourquoi t'enrégimenter dans un Etat? En vivant avec toi-même ou avec les tiens ne trouverais-tu pas la satisfaction de tous tes désirs? Au-dessus de ta famille, au-dessus du cercle de tes amis, au-dessus des petits groupes sociaux dont tu es membre, pourquoi rêver une société nouvelle, la société politique? Cherchons donc à quel besoin répond l'Etat, quel est son idéal.

I

A cette question, on fait aujourd'hui deux réponses contraires. L'idéal de l'Etat? dit-on d'une part, mais c'est l'Etat lui-même. Ce qu'il désire? c'est être. Vivre, être fort, être riche, voilà le terme de ses aspirations. —L'idéal de l'Etat? dit-on d'autre part, c'est l'individu. Ce qu'il désire? c'est que ses membres vivent, qu'ils soient heureux, qu'ils soient parfaits.

Il semble donc que nous ayons à choisir entre l'État pour l'État et l'État pour l'individu.

L'Etat a sa fin en lui-même, il est à lui-même son propre idéal : telle est la doctrine étatiste. L'institution politique ne répond pas à un besoin individuel, et le citoyen qui demande à quoi sert l'État est un naïf : c'est lui, le citoyen, qui sert à l'État. L'État n'est plus personnifié par un souverain, et pourtant il n'est pas une pure abstraction; il a un corps et une âme, des outils, des armes, des pensées et des volontés; les abstractions ne luttent pas contre les vivants, mais l'État peut lutter contre vous et moi, et il est si vivant qu'il est le plus fort. Sa force nous inspire le respect; constatant que notre volonté imparfaite a le devoir moral d'obéir parfois à une autorité extérieure, nous nous représentons cette autorité sous les traits de l'État; par une illusion explicable, nous nous imaginons qu'il répond à un de nos besoins les plus légitimes et nous en venons à croire, comme lui, qu'il n'a rien de mieux à faire que de vivre, grandir, prospérer, allonger les mains et accroître sa puissance.

Plusieurs conceptions de l'État se déduisent de cette théorie. C'est d'abord la conception militaire. L'État veut vivre; il doit donc lutter pour la vie. C'est dans cette lutte qu'il prend conscience de sa réalité personnelle, de même que c'est dans ses relations avec autrui que l'individu prend conscience de soi. Il en résulte que l'État se croit volontiers institué pour lutter : faire de la guerre la mission spéciale de l'État, c'est supposer qu'il a pour fin sa propre conservation. Si la guerre est le but de la société politique, la société politique doit être organisée comme une armée. Elle doit avoir un chef, une hiérarchie, une discipline : la volonté du chef doit s'imposer aux volontés des soldats. Dans une armée en effet, la liberté est sacrifiée à l'autorité. Quand les mêmes mouvements doivent être exécutés en même temps par tout un régiment, il est nécessaire qu'un chef donne l'ordre et surveille l'exécution, car il est peu vraisemblable que tous les soldats veuillent précisément à cette minute accomplir ces mouvements : on ne peut pas attendre de leur volonté l'exécution spontanée de l'action collective. De même un État purement militaire ne consultera pas ses membres avant de tracer son programme politique : il leur imposera sa volonté. Il pourra même sacrifier leur vie dans son intérêt comme un général sacrifie des hommes dans l'intérêt de l'armée. Et ce n'est pas seulement sa forme qu'un tel État tiendra de sa mission : toutes ses fonctions seront subordonnées à la fonction militaire. S'il rend la justice, c'est pour punir l'indiscipline ; s'il lève des impôts, c'est que l'argent est le « nerf de la guerre » ; s'il protège l'agriculteur et l'ouvrier, c'est pour qu'ils remplissent son trésor militaire ; s'il est industriel et commerçant, c'est qu'il a besoin de vivres, d'armes et de munitions ; s'il construit des routes, ce sont des routes stratégiques, et s'il fonde des écoles c'est qu'il croit que « l'instituteur prussien fut le vrai vainqueur de Sadowa ». Il est inutile de préciser davantage pour montrer que cette conception hante l'esprit de nombreux Français.

Une seconde théorie étatiste, voisine de la première, est la théorie de l'État policier. Un être qui veut vivre doit ignorer les troubles intérieurs ; l'État, s'il veut vivre, doit maintenir l'ordre. Qu'est-ce à dire? Qu'est-ce que l'ordre? Qu'est-ce que le désordre?

On peut découvrir trois significations distinctes dans l'usage courant de ces expressions. L'ordre, c'est d'abord l'ordre établi : maintenir l'ordre, c'est contraindre les individus au respect de la propriété, au respect du gouvernement et de toutes les puissances constituées. L'ordre, c'est en second lieu l'ordre extérieur, la tranquillité dans la rue ; maintenir l'ordre, c'est en ce sens supprimer tous les obstacles qu'on pourrait opposer à notre liberté d'aller et de venir. L'ordre enfin, c'est l'ordonnance savante des cérémonies officielles ; maintenir l'ordre, c'est réglementer les mouvements des citoyens de manière à les empêcher de troubler les belles dispositions du protocole. Ces divers emplois du même mot sont parfois contradictoires : promenez-vous en groupe dans la rue, vous interrompez la circulation, on vous accusera de faire du désordre. Mais si la circulation est interrompue par le passage d'un chef d'État ou d'un ministre, il n'y a pas de désordre, et si vous tenez alors à circuler, on vous arrêtera par mesure d'ordre. Ces mesures d'ordre présentent pourtant un caractère commun : elles ne sont pas prises dans l'intérêt de la justice. Peu importent au gardien de la paix les raisons que vous avez de traverser un cortège officiel : les meilleures raisons du monde ne prévalent pas contre les consignes du « service d'ordre ». Injurié ou frappé sur la voie publique, vous ripostez : peu importe la justice de votre cause, on vous emmène au poste pour avoir troublé l'ordre. On voit comment, dans un « État de police » l'idéal semble être la paix à tout prix.

La forme d'un tel État est au moins aussi autoritaire que celle de l'État militaire. Le pouvoir chargé d'assurer l'ordre, le pouvoir exécutif, prime tous les autres; c'est pour le triomphe de l'ordre que, même dans notre pays, le pouvoir exécutif est supérieur au pouvoir judiciaire. Aussi, malgré la théorie de la séparation des pouvoirs, le gouvernement s'attribue-t-il souvent le droit de juger. Combien de fois, en 1897 et en 1898, avons-nous entendu le gouvernement répéter qu'un arrêt était « juste et régulier » ? Voulait-il dire seulement que jusqu'à preuve du contraire il le tenait pour tel ? En ce cas, l'équivoque est fâcheuse. En déclarant qu'un arrêt est « juste », l'exécutif dépasse son droit : il n'a pas plus à confirmer qu'à infirmer les sentences, il n'a qu'à les exécuter. Il n'a pas même le droit de dire qu'elles sont « régulières ou irrégulières » : c'est jouer le rôle de la Cour de cassation. Mais cette usurpation de pouvoir a paru naturelle au gouvernement et au peuple, parce que nous croyons encore à la supériorité de l'exécutif sur le judiciaire, à la supériorité de l'ordre sur la justice.

De l'amour de l'ordre se déduisent les fonctions de cet État comme la forme de son gouvernement. C'est la police qui y joue le rôle prépondérant. L'armée n'est qu'une police plus nombreuse et plus énergique. La magistrature n'est qu'un instrument de répression : à nos yeux, de même qu'un gouvernement sans poigne n'est pas un gouvernement, un tribunal qui acquitte n'est pas un tribunal ; quand les jurés sont trop cléments, on « correctionnalise » les affaires. Le Code lui-même est parfois plus soucieux de l'ordre que de la justice : comment expliquer, sans ce souci, la légalité de la prescription et le respect de la chose jugée. Au bout d'un délai fixé par la loi, le crime devient vertu, le vol s'érige en propriété légitime, et vous ne pouvez plus accuser les criminels et les voleurs sans être puni pour diffamation. C'est que si l'on voulait être juste, il faudrait bouleverser la société ; quelle fortune, si l'on remontait assez loin dans le passé serait sûre de retrouver ses titres ? Mais l'État ne tient pas à bouleverser la société même au profit de la justice, car à la justice il préfère l'ordre.

Comme l'usage de la prescription, le respect de la chose jugée est dicté par l'amour de l'ordre. Sans doute, si la chose jugée était sans cesse remise en discussion, la société ne saurait vivre : le temps nous presse, il faut donner aux questions anciennes une solution définitive pour suivre le cours des événements. Mais comprenons bien le sens de ce raisonnement : si l'on respecte la chose jugée, ce n'est pas qu'elle soit nécessairement respectable, c'est qu'il est utile de la respecter. Ce principe est une mesure d'ordre.

Dans cette conception, l'armée, la police, la justice ne sont pas seules préposées au maintien de l'ordre : les autres services publics sont leurs collaborateurs. Croit-on qu'en instituant les postes, Louis XI désirait vivement faire à ses sujets un cadeau utile ? Il est plus vraisemblable qu'il voyait dans la poste un excellent instrument d'information. De même est-ce par pitié pour les malheureux qu'on a créé les premières institutions charitables? Il est plus vraisemblable qu'en secourant les indigents on songeait d'abord à protéger la propriété contre des vols éventuels. De même enfin dans un État préoccupé de l'ordre, l'Église et l'Université sont les auxiliaires de la police. L'éducateur officiel, laïque ou non, doit fournir à l'État de bons citoyens, c'est-à-dire de bons sujets ; il doit inspirer aux enfants le respect de l'ordre établi. Un dogme est imposé à la conscience des maîtres qui doivent l'imposer à la conscience de leurs élèves. Ce dogme n'est pas religieux mais politique : c'est l'intérêt de l'État qui en fixe les articles : si demain l'État tirait la majeure partie de ses revenus d'un impôt sur l'alcool rectifié, qui nous prouve que les maîtres, au lieu de prêcher contre l'alcoolisme, ne devraient pas déclarer que les alcools impurs sont seuls funestes et qu'on ne saurait trop boire d'alcool rectifié par l'État? Présentée en termes aussi crus, la doctrine trouverait sans doute peu de défenseurs; mais, sous une forme différente, elle est très répandue. Plus ou moins consciemment, beaucoup de citoyens pensent que l'Université doit travailler à la conservation de l'état social. A leur avis l'école primaire est faite pour le peuple; elle doit fabriquer de bons ouvriers sans éveiller d'ambitions maladives; l'école primaire supérieure fournira d'excellents contremaîtres; les lycées sont destinés aux bourgeois. Aussi doivent-ils enseigner les doctrines qui plaisent aux bourgeois et qui leur conservent leurs pérogatives sociales. Quand la bourgeoisie est catholique, l'Université doit être catholique, sauf à penser librement le jour où la bourgeoisie redeviendra voltairienne. Si la bourgeoisie prend peur du socialisme, l'existence d'un professeur socialiste discrédite à ses yeux l'Université. Modeler l'enseignement public sur l'état social, consacrer la distinction des classes par la distinction des enseignements et demander à l'Université d'inspirer le respect de l'ordre établi, tel est l'idéal inconscient d'un grand nombre de nos concitoyens. Et c'est pour réaliser cet idéal que l'État conserve sur les maîtres une autorité que n'explique guère la nature de leurs fonctions : ce sont les agents politiques de l'État qui nomment et révoquent les instituteurs et, bien que les professeurs de l'enseignement secondaire soient plus indépendants à l'égard des pouvoirs politiques, il n'est pas impossible de les déplacer pour des raisons purement politiques. De même si l'État laïque ne tient guère à se séparer de l'Église, c'est pour conserver son autorité sur le prêtre et l'empêcher au besoin de prêcher contre les institutions établies. Toutes les fonctions publiques sont donc vouées au culte de l'ordre. En dépit de notre réputation révolutionnaire, nous n'aimons rien tant que la paix civile ; nos révolutions mêmes n'inspirent la « terreur » que pour assurer l'ordre et notre État n'a pas d'idéal plus sacré.

Pourtant, notre État ne veut pas seulement vivre, il veut prospérer. Nous arrivons ainsi à la troisième forme de l'étatisme : à côté de l'État militaire et de l'État policier, voici l'État capitaliste. Les institutions économiques vont passer au premier plan : c'est la richesse qui devient l'idéal. L'État veut s'enrichir : il lève donc l'impôt sans se soucier des intérêts individuels, sans se soucier de la justice : il ne se préoccupe que du « rendement » ; quelles sont les taxes les plus productives et les plus faciles à percevoir ? telle est la question que se pose un État hypnotisé par son propre intérêt. Il suffit de jeter les yeux sur la liste de nos impôts pour voir que quelques-uns d'entre eux ne sont pas inspirés par d'autres préoccupations. On a souvent raillé les rapports administratifs dont les auteurs se « félicitent » du rendement croissant des taxes sur l'alcool sans se demander si l'État ne s'enrichit pas aux dépens de la santé publique. Si la mortalité s'élevait en France, les mêmes rapporteurs « se féliciteraient » sans doute des plus-values de l'impôt sur les successions : l'État s'enrichirait d'autant plus qu'il y aurait moins de Français ! — L'impôt ne suffit pas à enrichir l'État : l'État se fait producteur de richesse : il est agriculteur, propriétaire, industriel et marchand. Il a ses intérêts qui ne se confondent pas avec les intérêts individuels et qui peuvent même leur faire obstacle. L'État cultive ses champs et exploite ses forêts ; il fabrique ses canons et ses cuirassés, ses allumettes et ses cigares ; il achète et il vend, fait les commissions, porte les paquets. Il en résulte qu'il est en compétition avec d'autres propriétaires ou d'autres marchands : il plaide contre eux et même, malgré ses précautions, il perd parfois ses procès. Il fait aux individus une concurrence inégale ; il peut même supprimer la concurrence par un acte d'autorité. Il impose ses prix au public en créant des monopoles. L'État est donc un être bien vivant : il a ses fonctions de nutrition comme ses fonctions de relation.

Si l'on en croit deux puissants partis, c'est au développement de ses organes de nutrition que l'État doit mettre tous ses soins. Les partisans de la politique « d'affaires » supposent que l'État a ses intérêts distincts des intérêts individuels : il est le gérant des intérêts nationaux. Il est vrai qu'on ne définit guère l'intérêt national. Est-ce l'intérêt de tous les Français ? Mais peut-on citer une seule industrie dont le développement « intéresse » tous les Français ? peut-on citer une seule industrie dont les progrès ne nuisent pas à certains Français ? Même s'il se borne à protéger les produits nationaux contre la concurrence étrangère, l'État nuit aux Français qui font le commerce d'importation. En pratique, l'intérêt dit national n'est pas l'intérêt de tous, mais l'intérêt d'une majorité : quand le Parlement vote une loi « d'affaires », il s'efforce de mesurer les intérêts en présence et il sacrifie ceux qu'il croit les moins importants : les intérêts nationaux, ce sont donc les plus gros intérêts. Mais quelle que soit leur définition, les intérêts nationaux s'opposent aux intérêts individuels, et quand on croit que l'État est chargé de les gérer, on doit leur subordonner toutes les institutions. Non seulement les tarifs douaniers sont calculés de manière à protéger l'industrie nationale, mais l'armée est faite pour lui créer des débouchés ; l'Université doit fabriquer sur commande des agriculteurs, des industriels, des commerçants et des colons ; elle n'a pas à s'inquiéter des goûts de ses élèves ; elle n'a pas à en faire des hommes libres de leur destinée ; elle n'a pas même à en faire des hommes : l'État a besoin de producteurs et de commerçants : qu'elle livre donc des producteurs et des commerçants ! Au fond des polémiques dirigées aujourd'hui contre l'Université se trouve, sans qu'on s'en doute toujours, une doctrine étatiste : il faut former les individus dans l'intérêt de l'État.

La politique « d'affaires » est éminemment « bourgeoise » : pourtant, les socialistes rencontrent sur ce point leurs adversaires. L'État socialiste [1] a des intérêts distincts des intérêts individuels. Sans doute,

(1) Bien que les socialistes n'emploient pas le mot *Etat* qui représente à leurs yeux une société dans laquelle une classe exploite une autre classe, nous conserverons ce mot pour désigner leur société politique comme toute société politique.

l'individu, loin d'être sacrifié par le socialisme moderne, est pour lui la fin de l'État. Il n'en accorde pas moins à l'État une réalité distincte de la réalité des individus. « A côté des intérêts particuliers qui peuvent différer de personne à personne, dit l'un des plus récents ouvrages publiés par les socialistes français [1], coexiste un intérêt collectif qui consiste à assurer l'existence et la prospérité du corps social... » L'auteur ajoute, il est vrai, que c'est « pour le plus grand bien des individus » qu'on doit prendre soin du corps social. Mais il reconnaît que l'intérêt des individus est souvent « en opposition apparente ou provisoire » avec l'intérêt général, et, dans ce cas, c'est l'intérêt individuel qui est sacrifié. Pour les socialistes, il semble que l'idéal de l'État soit double : c'est, d'une part, « le libre développement de l'individu [2], » mais c'est aussi la recherche de l' « utilité sociale ». Sans nous demander pour le moment si ces deux fins s'excluent ou s'impliquent réciproquement, constatons qu'en admettant une « utilité sociale » les socialistes font de l'État un être à part, ayant ses intérêts et ses droits. « La nation..., écrit M. Renard, peut être considérée comme un propriétaire unique exploitant son propre domaine [3]. » Ce propriétaire a le droit d'imposer à ses ouvriers, qui sont les citoyens, les travaux indispensables qui ne seraient pas de leur goût, il a le droit d' « enlever ou d'abandonner aux individus telle ou telle activité ». C'est son propre intérêt qui le guide : il cherche à « obtenir le maxi-

(1 G. Renard. *Le régime socialiste*, Paris, Alcan, 1898, p. 7.

(2) *Op. cit.*, p. 25; cf. p. 2, 5, 8 et passim.

(3) *Id.*, p. 128.

mum de résultats avec le minimum d'efforts » ; « les règles d'une bonne économie domestique deviennent celles d'une bonne économie publique [1] » dit encore M. Renard ; et en effet l'État n'est qu'un individu ; c'est l'individu le plus riche, le seul riche : comme l'individu il n'agit qu'en vue de son intérêt. L'État « bourgeois » confond l'intérêt public avec l'intérêt de la majorité ou avec le plus gros intérêt ; l'État socialiste subordonne tous les intérêts individuels à l'intérêt collectif, mais tous deux sont des êtres réels, sollicités par des besoins économiques et avides de prospérité économique.

La doctrine qui fait un devoir à l'État de rechercher avant tout sa propre conservation, sa propre santé, son propre bonheur est donc très répandue : les trois formes de l'étatisme s'entremêlent dans nos consciences et dans nos lois ; notre État est à la fois militaire, policier et capitaliste et beaucoup d'entre nous ne souhaitent pas de lui donner d'autre mission ; beaucoup admettent sans réserve la doctrine de l'État pour l'État.

Quelle est la valeur de cette doctrine ? — Bien qu'elle ait conservé beaucoup de crédit, cette doctrine est en décadence. Les institutions que l'État avait créées dans son propre intérêt oublient peu à peu leur fin primitive. Il est possible que les postes aient été inventées pour servir le pouvoir central et sa police ; il est même possible que tout rapport ne soit pas rompu entre le service postal et « la sûreté », mais il est certain que les postes servent de plus en plus non pas à l'État mais aux citoyens ; et les règle-

(1) *Op. cit.*, p 128.

ments qui dégagent la responsabilité de l'État dans le service des télégrammes privés ne sont plus très bien compris par l'opinion. De même admettons que l'assistance publique ait été d'abord une sorte de police préventive ; il n'en est pas moins vrai qu'elle se reconnaît aujourd'hui d'autres obligations : elle se croit faite dans l'intérêt des pauvres et des malades. De même encore, l'école a sans doute le devoir de préparer de bons citoyens et de bons soldats, mais elle a surtout pour mission d'aider les enfants à devenir des hommes. Ainsi, l'étatisme n'est plus dans nos institutions qu'une survivance : si tenace et si puissante qu'elle soit, cette survivance n'en est pas moins à son déclin : il arrive même qu'elle soit pour nous inintelligible et scandaleuse.

Ce serait un scandale pour la raison que de conserver aujourd'hui un État militaire, où tout serait subordonné aux exigences de la guerre. Cette primauté de la fonction militaire s'expliquait autrefois quand la guerre était l'état normal des sociétés : c'est la fréquence des guerres dans le passé qui explique l'étatisme ancien et sa survivance. Mais on conviendra que dans un siècle où la guerre devient plus brève et plus rare, ce serait un véritable anachronisme qu'un État modelé sur l'armée, hiérarchisé comme elle, et comme elle soumise à un règlement autoritaire. Sans doute l'armée est nécessaire ; la gravité des crises qu'elle nous aide à surmonter est telle que la nation doit toujours être prête à prendre les armes ; sans doute l'état actuel de l'Europe rend cette obligation plus impérieuse ; mais, si terrible et si menaçante que soit la guerre, elle n'en est pas moins accidentelle, et nous ne devons pas concevoir l'état normal de la société sur le modèle de l'état anormal.

Pourtant si l'étatisme pouvait encore se défendre, c'est sur les nécessités de la guerre qu'il s'appuierait. Quant à fonder les droits de l'État sur les nécessités de la paix civile, on le pourrait si les désordres intérieurs avaient pour but la destruction de l'État : mais comme les révolutions sont plus modestes et aspirent seulement à changer la forme du gouvernement, on ne voit pas pourquoi l'État aurait besoin de s'armer contre un danger qui ne le menace point. Il est vrai que le gouvernement se confond avec l'État et qu'en se défendant lui-même c'est l'État qu'il croit défendre. Il en résulte que toute attaque dirigée contre ses propres abus lui paraît criminelle : pourtant, bien qu'elle trouble l'ordre, elle est légitime et le gouvernement qui la repousse pour rétablir l'ordre ne fait qu'ajouter un crime à ses abus. Si même il s'imagine avoir atteint son but par une impitoyable répression, il se trompe : car rien n'est plus dangereux pour l'ordre lui-même que le trouble jeté dans les consciences par la répression d'une révolte légitime : on en vient à confondre le bien et le mal ; tôt ou tard cette confusion produit de nouveaux désordres. Prenons même le cas où le désordre est illégitime : le gouvernement a raison de chercher à rétablir l'ordre : que du moins il ne tente pas d'y parvenir par une répression aveugle, car rien ne sera plus dangereux pour l'ordre lui-même que les erreurs de la répression. Sans doute, la condamnation d'un innocent, quand le crime a été commis par une foule, peut terrifier les vrais coupables qui croient que le condamné était leur complice : c'est ainsi que, dans certains cas, une émeute sera apaisée par des condamnations même injustes. Mais quand le crime est individuel ou que, dans un crime collectif, les coupables se connaissent, la condamnation d'un innocent est aussi vaine qu'elle est inique : loin d'épouvanter, elle encourage le vrai criminel à persévérer dans le crime. Il n'y a donc d'ordre véritable que l'ordre qui repose sur la justice, et l'Etat qui réprime pour réprimer, qui subordonne la justice à l'ordre et fait de l'ordre son idéal suprême s'expose au crime sans même avoir pour excuse le prétexte du salut public.

Reste la troisième conception de l'étatisme : l'État agriculteur, industriel et commerçant. Mais comme l'État policier, cet État est condamné à être injuste. Il n'est pas souhaitable que les hommes puissants soient sollicités par des intérêts matériels : la tentation serait trop forte de mettre leur puissance au service de leur cupidité. Par la même raison il n'est pas souhaitable que l'État, qui est un puissant personnage, ait des intérêts matériels : la tentation serait trop forte de leur sacrifier la justice. C'est le danger que présente notre État : chaque propriétaire, chaque industriel peut se trouver en conflit ou en concurrence avec lui, et qui jugera la querelle ? l'État lui-même . Quelle que soit réellement sa grandeur d'âme, ne peut-on pas à priori redouter sa partialité ? C'est, à plus forte raison, le danger que présenterait l'État socialiste, malgré toutes les précautions qu'on y pourrait prendre pour limiter le pouvoir central. Nul socialiste peut-être n'a fait plus d'efforts que M. Renard pour diminuer, dans sa théorie de l'État, la puissance du gouvernement. Il a compris qu'il ne suffisait pas de dire : « L'État socialiste ne sera pas le gouvernement des personnes mais l'administration des choses » ; car les choses dont il s'agit étant fabriquées, échangées, consommées par des hommes, on ne peut pas les administrer sans gouverner les hommes. Il a compris qu'il ne suffisait pas de dire : « le pouvoir, sous le régime socialiste, sera réellement l'expression de la volonté populaire ; gouvernés et gouvernants ne feront qu'un : il n'y a donc pas à craindre d'abus de pouvoir » ; car les gouvernants, appuyés sur la majorité des gouvernés, pourraient toujours sacrifier l'intérêt des minorités à l'intérêt du plus grand nombre. Il s'est donc efforcé de montrer comment chacun, sous le régime qu'il souhaite, sera libre de choisir sa carrière. Mais il est obligé de noter des exceptions nécessaires : l'État propriétaire, ayant conscience de son intérêt, voudra que toutes les besognes utiles soient faites, même si personne ne veut les faire : il y aura donc des « services commandés ». Qui sera contraint de faire cette besogne ingrate? Tout le monde? c'est beaucoup. Chacun à tour de rôle? qui ne voit que l'arbitraire peut se glisser dans l'établissement des rangs? D'autre part, l'État laisserait les hommes libres d'acccomplir certains travaux : comme un propriétaire qui abandonne à son jardinier un coin de terre pour son usage personnel, l'État laisserait aux individus, leur tâche collective achevée, le loisir de se livrer à une tâche personnelle. Mais il aurait toujours le droit de reprendre cette partie de leur activité, comme le propriétaire peut reprendre au jardinier son coin de terre. Le domaine de l'activité individuelle ne serait pas fixé une fois pour toutes, mais il varierait suivant l'intérêt du propriétaire, c'est-à-dire de l'État. Et là encore se glisserait l'arbitraire. Le socialisme actuel paraît conserver deux principes qui s'excluent : on ne peut pas chercher pour elle-même l'utilité sociale sans sacrifier parfois l'intérêt individuel. On comprend qu'il aspire en même temps à ces deux fins s'il croit que l'intérêt de tous les individus n'est garanti que lorsque l'État a pris la direction de l'activité économique du pays. Mais l'État devenu l'unique capitaliste ne supprime l'exploitation possible des travailleurs par les capitalistes qu'en la remplaçant par l'exploitation possible des gouvernés par les gouvernants : ceux-ci auront beau tenir de ceux-là leur pouvoir, ils n'en seront pas moins les maîtres. L'intérêt personnel de l'État sera trop grand pour qu'il puisse tenir compte des modestes intérêts individuels. — Sous toutes ses formes, l'État pour l'État, autoritaire et arbitraire, est un État injuste.

Ce n'est donc pas du soin de sa personne que doit s'occuper l'État : sans doute il doit repousser les agressions, assurer l'ordre, protéger l'industrie et le commerce ; mais sa fin principale n'est ni la guerre extérieure, ni la paix civile, ni la prospérité économique. L'État doit vivre, mais il ne doit pas borner ses désirs à la conservation de son existence.

II

Bien qu'elle inspire un grand nombre de nos institutions et de nos croyances, la doctrine de l'État pour l'État n'est plus, chez nous, prépondérante : des institutions et des croyances en nombre au moins égal font de l'État un instrument destiné à perfectionner l'individu.

L'État pour l'individu, telle est la devise commune

aux philosophes empiristes et aux philosophes rationalistes; telle est la devise commune à tous les partis politiques. On sait avec quelle ardeur un empiriste comme Spencer défend l'individu contre les entreprises de l'État; c'est peut-être le seul point sur lequel il s'accorde avec Kant et ses disciples. Mais c'est naturellement dans l'école kantienne que l'individualisme est proclamé avec le plus d'énergie. « La seule fin digne d'être poursuivie, dit M. Henry Michel résumant la pensée de M. Renouvier, c'est le développement de l'individu. » Et il ajoute qu'il faut « mettre l'État en demeure de procurer à tous ses membres le moyen de devenir des personnes morales, et celui de développer aussi complètement que possible leur personalité, une fois qu'ils l'ont conquise[1] ». On comprend que les hommes politiques qui cherchent leurs principes dans Kant ou dans Rousseau admettent une doctrine analogue. Mais elle n'est pas leur monopole. Contrairement à l'opinion courante, les socialistes sont individualistes; pour eux, l'État a le devoir de « porter au maximum la liberté et l'énergie des individus[2] ». Même les partisans de l'Ancien régime ont pris dans l'opposition des principes d'un libéralisme particulièrement chatouilleux. Ce n'est pas à dire que tous les théoriciens demandent aujourd'hui la suppression de l'État; l'individualisme moderne admet que l'État intervienne dans la vie des citoyens[3]; cette

(1) H. Michel. *L'idée de l'État*, p. 617, 630.

(2) J. Jaurès. Vues politiques (*Revue de Paris*, 1er avril 1898, p. 565). — Cf. Renard. *Le régime socialiste*, p. 2, 5, 8, 25, etc. — V. encore H. Michel, *Op. cit.*, p. 519, 634 — Andler, *Origines du socialisme allemand*, p. 19, 20, etc. Paris, F. Alcan.

(3) H. Michel, *op. cit.*, p. 652.

intervention peut même être autoritaire : l'association d'idées qui lie l'individualisme au libéralisme doit être brisée. Mais tous soutiennent que ces interventions de l'État ne doivent pas être dictées par la raison d'État, mais par l'intérêt de l'individu.

Déjà cet esprit anime quelques-unes de nos institutions. L'État cherche à faire notre bonheur; il cherche même à faire notre salut. Le désir du bonheur étant le sentiment le plus vif chez les hommes, il est naturel qu'ils fassent servir à leur bonheur leurs institutions politiques. L'État est donc notre Providence. Il veille sur nous comme un père sur ses enfants. Il veut que nous prenions de bonnes habitudes; il nous interdit les actions qui pourraient nous nuire. Veut-on une preuve de ce souci vraiment touchant ? Tout le monde peut lire, en wagon, l'article 63 d'une ordonnance du 15 novembre 1846 qui dit, entre autres choses : « Il est défendu de passer d'une voiture dans une autre, de se pencher au dehors, de sortir des voitures ailleurs qu'aux stations et avant que le train soit complètement arrêté. » Ne mets pas le nez à la portière, voilà ce que, en bon père de famille, prend soin de nous dire l'État. Et ce n'est pas un avis ni une recommandation, c'est un ordre; c'est un ordre trois fois répété : « les voyageurs sont *tenus* d'*obtempérer* aux *injonctions* des agents de la Compagnie pour l'observation de ces dispositions ». L'État veut notre bonheur même en dépit de notre volonté. — En outre, il met à notre disposition les objets utiles que nous ne pourrions pas nous procurer; il devient ainsi un grand syndicat obligatoire chargé d'assurer les « services publics ». Voulez-vous correspondre avec vos semblables? l'État est prêt à porter vos lettres. Voulez-vous voyager? l'État vous trace des routes, vous construit des chemins de fer. Voulez-vous exploiter des terres, élever des troupeaux? l'État vous donne de l'eau, surveille vos épis, garde vos oies. Vos vaches sont-elles malades? l'État vous paie une indemnité. Avez-vous fait des bénéfices et désirez-vous placer vos capitaux sans courir aucun risque? l'État vous ouvre ses coffres et vous paie un intérêt modique mais garanti. Toutes les commodités de la vie sont donc assurées par cette association bien comprise. L'État est un cercle confortable où l'on entre sans parrains.

Mais l'individu peut désirer autre chose que le bonheur; l'homme heureux n'est pas nécessairement l'homme parfait : c'est bien l'avis de l'État; aussi nous contraint-il à devenir vertueux. Par ordre de la loi, nous cultivons notre intelligence; par ordre de la loi, nous faisons la charité; demain nous serons prévoyants par ordre de la loi. L'État est pour nous un austère pédagogue; c'est le rôle qu'il joue lorsqu'il nous interdit, sous peine d'amende, d'emprisonnement ou de destitution civique, de nous montrer en état d'ivresse dans les lieux publics. L'ivrogne inoffensif ne fait de tort à personne. Dira-t-on que son exemple est contagieux et qu'il nuit par conséquent à ceux qu'il entraîne dans le vice? C'est très discutable : oublie-t-on les ilotes? On devrait au contraire remercier les ivrognes inoffensifs mais ridicules qui veulent bien donner des leçons publiques de tempérance. Mais ce n'est pas la contagion qu'on veut enrayer, c'est le vice individuel qu'on veut détruire. L'État moderne s'est donné la mission de rendre les citoyens vertueux. En devenant laïque, il n'a pas abandonné la mission de l'Église. L'Église est individualiste à sa manière : c'est le salut de l'individu qu'elle veut assurer. C'est de même la perfection de l'individu que désire l'État. Et il emploie parfois les procédés de l'Église : il lui arrive de tracer de l'individu un modèle officiel auquel les éducateurs doivent se conformer; il lui arrive de promulguer des dogmes destinés à perfectionner les individus. N'a-t-on pas vu récemment un ministre décider que désormais tous les maîtres de France prêcheront contre l'alcoolisme? On ne peut, sans doute, que rendre hommage aux intentions ministérielles. Mais il faut remarquer que cette mesure crée un véritable dogme. On comprend que l'intempérance ne figure pas dans le portrait de l'individu idéal que s'est tracé l'État; mais tout ce que nous voulons noter, c'est que l'État s'est tracé de l'individu un portrait idéal et qu'il cherche à former les citoyens d'après ce modèle. L'État veut le salut terrestre de ses membres.

Ainsi, tandis que l'étatisme déclarait que la société politique ne répond pas à un besoin naturel de l'individu mais trouve en elle-même sa fin, la doctrine contraire fait de l'individu la fin de l'État et déclare que l'État est destiné à satisfaire les besoins économiques et les besoins moraux, tous les besoins de l'individu.

Nous avons rejeté l'étatisme : accepterons-nous l'individualisme? devons-nous demander à l'État d'assurer notre salut?

Les hommes seraient bien naïfs s'ils attendaient le bonheur de l'État. Mettent-ils leur bonheur dans la richesse? Les économistes prouvent que l'État, restreignant la concurrence, tarit les sources de la richesse. L'État organise bien des « services » destinés à satisfaire nos besoins et même nos caprices. Mais les économistes prouvent encore que des individus ou des sociétés privées nous rendraient les mêmes services à meilleur marché. Les hommes, au lieu de rechercher la richesse ou les commodités de la vie, placent-ils leur bonheur dans la paix? qu'ils fuient loin de l'État : à toute heure, l'État intervient dans notre vie. Par ordre de l'État, le futur citoyen français doit, de six à treize ans, se lever avant huit heures et s'asseoir six heures durant sur les bancs d'une école. De vingt et un à vingt-quatre ans, tous ses mouvements seront fixés par un règlement. De vingt-quatre à quarante-cinq, il n'aura pas le droit de voyager, de changer de résidence sans avertir les gendarmes, comme s'il était soumis à la surveillance de la police. S'il exerce une industrie, il passera sous l'œil d'agents innombrables : inspecteurs du travail, chimistes officiels, médecins hygiénistes, receveur des contributions. Outre les fonctionnaires, dont la liste s'allonge sans cesse, de nombreux citoyens pénètrent, de par l'État, dans la vie de leurs voisins et entravent leurs désirs. C'est l'hôtelier qui pose aux voyageurs des questions indiscrètes sur l'origine et le terme de leurs voyages : sait-on qu'il a même le droit, si le voyageur est accompagné d'une femme, de demander à voir son acte de mariage[1]? C'est le brocanteur qui doit exiger les noms, surnom, qualité et demeure de ses clients. C'est le prêtre qui ne peut me marier si je n'ai passé d'abord par la mairie. Je ne suis pas même libre de prendre le nom qui me plait[2]. Et

(1) Ordonnance du 6 novembre 1778, art. 5.
(2) Lois du 6 fructidor an II et du 11 germinal an XI.

jusqu'après ma mort l'État me surveillera : les miens ne peuvent me conduire au cimetière sans la permission de la police. Sans doute toutes ces mesures sont prises dans mon intérêt : il n'en est pas moins vrai qu'elles entravent à tout instant mon activité et l'on doit en conclure que l'État est un médiocre instrument de bonheur. Ne disons pas avec les anarchistes qu'il est l'auteur unique de la « Douleur universelle [1] », mais avouons qu'il nous enlève quelques plaisirs. Nous ne lui devons qu'une reconnaissance atténuée pour les services imparfaits qu'il nous rend et nous lui devons de la rancune pour les gênes qu'il nous impose. Ou plutôt ne lui en tenons pas rigueur, car s'il a prétendu nous donner le bonheur, il s'est étrangement abusé : comment le bonheur, dont l'idée même varie avec chaque individu et dont chaque individu est seul juge pourrait-il être réalisé par une institution sociale comme l'État?

La vertu dépend de la conscience individuelle comme le bonheur des besoins individuels. Il est donc contradictoire d'ordonner à l'État de distribuer la vertu. Il est possible que l'État ait à remplir une mission pédagogique, mais cette mission ne saurait être d'imposer aux individus, pour leur plus grand bien, des dogmes moraux ou des pratiques morales. S'il s'attribuait une pareille tâche, il perdrait son temps : il aurait beau rendre obligatoires la prévoyance, l'abstinence et la charité, les hommes n'en deviendraient au fond de leur cœur ni plus prévoyants ni plus sobres ni plus charitables. Peut-être cependant, à force de faire le geste, finirait-on par prendre des intentions vertueuses, et cette vertu

(1) Sébastien Faure.

suffirait à certains moralistes. On comprend que, pour les philosophes qui ne voient dans la conscience morale qu'un écho des prescriptions sociales, l'État doive enseigner une vertu officielle qu'un mécanisme fatal transformera dans chaque conscience en vertu individuelle. On comprend que si « les œuvres » suffisent, selon l'Église, pour faire le salut, elle demande à l'État de les prescrire. Mais que l'État ait le même devoir aux yeux des Kantiens, c'est ce qui surprend. Pour eux, en effet, la vertu est l'œuvre de l'individu ; l'individu n'a de mérite moral que s'il est l'auteur de ses résolutions ; c'est par un effort de sa propre volonté qu'il doit se former : « On ne fabrique pas le citoyen du dehors comme un meuble, » dit, par exemple, M. Michel [1]. Dès lors, pourquoi confier l'éducation du citoyen à une puissance du dehors ? pourquoi faire du développement de l'individu le devoir de l'État ? — Il semble bien qu'une équivoque ait entraîné l'école néo-criticiste jusqu'à cette conclusion. Les disciples de Kant proclament, en effet, que l'individu est à lui-même sa fin ; ils en concluent que nulle puissance ne peut l'asservir à une autre fin ni l'empêcher de se prendre lui-même pour fin. La politique ne doit pas contrarier la morale. Mais s'ensuit-il qu'elles doivent se confondre? S'ensuit-il que l'individu, fin en soi, doive être en même temps la fin de l'État? L'idéal de l'État et l'idéal de l'individu ne doivent pas être incompatibles ; s'ensuit-il qu'ils soient identiques ? L'individu étant inviolable, l'État doit le respecter, mais ce n'est pas à dire qu'il doive le perfectionner.

(1) *Op. cit.*, p. 651.

Si l'État veut former l'individu, ou bien il commencera par concevoir un modèle d'individu que l'éducation devra copier, ou bien il laissera toute liberté à l'éducateur. Dans le premier cas, un dogme sera proclamé. Les individus seront contraints de se conformer à la doctrine de l'État. Mais outre que l'État, n'étant pas infaillible, n'a pas le droit de promulguer un tel dogme, cette éducation de l'individu aurait pour effet de détruire l'individualité : l'empreinte de l'État serait marquée sur chacun de ses élèves. Si l'État laisse à l'éducateur sa liberté, on peut craindre encore que le maître n'imprime sa marque sur l'enfant et ne supprime par là même l'individu qu'il a charge de former. L'éducation ne laisse à l'homme son originalité et son mérite personnel qu'à la condition d'être aussi discrète, on dirait volontiers aussi nulle que possible. L'éducateur doit s'abstenir de diriger la conscience puisqu'il veut que l'élève sache l'éclairer lui-même ; il doit s'effacer, n'intervenir que pour donner à son élève l'habitude de la réflexion et de l'action personnelles. C'est bien ainsi que M. Michel entend l'éducation. Et un État éducateur ne devrait pas accepter d'autre doctrine pédagogique si son but est le développement de l'individu. Mois qui ne voit que cette conclusion signifie que l'action de l'État, pour être efficace, doit être réduite au minimum. Ou bien l'État a un dogme moral et il l'impose : et alors il tombe dans une contradiction, car, voulant former des individus il leur enlève leur individualité. Ou bien l'État respecte l'individualité, mais c'est en n'agissant sur l'individu que par les méthodes les plus discrètes et les plus délicates. De même que le bonheur, la perfection morale dépend trop de l'individu pour être l'œuvre d'une puissance sociale comme l'État.

Ainsi, nous rejetons l'individualisme comme nous avons rejeté l'étatisme. Il est possible que l'État ait le devoir de collaborer au bonheur et même à la perfection des individus ; mais cette collaboration n'a qu'une importance secondaire car l'individu ne peut tenir que de lui-même son bonheur et son mérite. Si l'individu est le but de l'État, c'est un but toujours manqué : l'État serait donc inutile et les anarchistes, les individualistes les plus farouches, seraient aussi les plus conséquents. Avant d'accepter leur doctrine, voyons s'il n'est pas possible de prendre une attitude intermédiaire entre l'individualisme et l'étatisme.

III

Nous ne voulons ni d'un État qui serait le serviteur de l'individu ni d'un État qui serait un individu gigantesque. Il n'est pas souhaitable que l'État ne nous serve à rien et ne serve qu'à lui-même ; il n'est pas souhaitable qu'il veuille nous assurer le bonheur ou nous donner la perfection. Que doit-il être ? à quel besoin répond-il ?

Examinons la liste de nos aspirations sociales et voyons si elles sont toutes satisfaites par les institutions autres que l'État. Nos besoins physiques, individuels de leur nature, sont devenus sociaux du jour où est née la division du travail : l'homme isolé ne pourrait plus les contenter ; mais ce n'est pas à l'État que nous en demandons la satisfaction : il nous suffit de négocier avec des commerçants, de nous associer à des industriels d'entrer dans les diverses sociétés économiques pour trouver les objets indispensables à la vie. Nous avons des besoins physiques de nature éminemment sociale, ceux qui répondent au sentiment de l'amour, mais ces besoins, comme l'amour même, trouvent leur satisfaction dans la société domestique. Le cercle de nos amis suffit à contenter nos autres sentiments sympathiques. Quant aux besoins intellectuels, en tant qu'ils sont sociaux, les diverses sociétés scientifiques, littéraires ou religieuses leur fournissent un aliment. Ainsi, à l'intérêt, à l'amour, à l'intelligence correspondent des institutions sociales différentes de l'État. Mais avons-nous épuisé la liste des besoins inter-individuels ? Reste le besoin moral, le besoin de justice. Il n'est pas au pouvoir de l'individu de le satisfaire, et pourtant la justice n'est pas l'objet principal des trois espèces de sociétés que nous avons énumérées. Pourquoi l'État ne serait-il pas l'instrument de la justice, comme la famille est l'instrument de l'amour, comme les sociétés économiques sont les instruments de l'intérêt, comme les Églises ou les académies sont les intruments de l'intelligence. Nous cherchons quel est l'idéal de l'État et nous constatons que toutes nos aspirations sociales, sauf une, sont satisfaites par tous nos groupements sociaux, sauf un : il faut en conclure que la société qui reste est destinée à satisfaire l'aspiration qui reste : l'État est l'instrument de la justice, la justice est l'idéal de l'État.

A cette théorie, on fera sans doute une objection. Pourquoi n'attribuer qu'une fin aux diverses sociétés humaines ? N'ont-elles pas toutes à satisfaire à la fois nos besoins physiques, notre besoin d'affection, nos inclinations intellectuelles et morales ? Toute société qui désire le succès doit promettre à ses membres des biens multiples : en limitant son programme, elle limiterait le nombre de ses adhérents. Une revue spécialiste a moins d'abonnés qu'une revue encyclopédique ; une société de secours mutuels n'est florissante que si elle assure un profit même à ceux qui n'ont pas besoin de secours. La famille, l'État sont des sociétés dont le succès est indiscutable ; leur succès pourrait bien être dû à la multiplicité de leurs fins. Ainsi l'État a sans doute pour mission de faire régner la justice, mais ce n'est pas son unique mission.

On ne saurait contester les prémisses de ce raisonnement. Non seulement une société qui n'aurait qu'une fin n'aurait pas de chance de succès, mais elle ne pourrait pas se fonder. Dans les sociétés humaines rien n'est simple ; en sociologie le simple est un non-être. Mais les éléments qui composent les êtres sociaux forment des combinaisons multiples ; la formule de combinaison varie suivant que l'un ou l'autre prend dans le composé la place prépondérante. En outre, ces éléments sont tantôt juxtaposés, tantôt coordonnés ; dans le premier cas ils peuvent se combattre au sein du composé, dans le second ils collaborent à la même tâche. Quand nous cherchons quel est l'idéal d'une société, c'est donc l'idéal prépondérant, non l'idéal unique, que nous voulons trouver. Il est vrai, par exemple, que la famille sert à satisfaire les besoins économiques de ses membres ; mais si nous avions à chercher quel est son idéal, nous ne placerions pas au premier rang l'intérêt. De même il est possible que l'État satisfasse et doive satisfaire d'autres besoins que le besoin de justice, mais ce qui résulte de notre démonstration, c'est que le règne de la justice doit être le souci primordial de l'État. Mettre la justice au premier plan, lui subordonner les autres missions de l'État, supprimer celles qui lui seraient contraires, voilà ce qui paraît être l'idéal.

Cette doctrine n'est pas neuve : c'est la doctrine de la *Déclaration des droits*. Est-ce donc l'individualisme, et n'avons-nous exclu cette doctrine que pour la rappeler sous un autre nom ? Mais si l'on entend par individualisme la doctrine qui fait de l'individu le but de l'État, la *Déclaration des droits* n'est pas individualiste. Demander que l'État respecte l'individu, ce n'est pas demander qu'il le forme. L'homme a sa fin en lui-même : l'État doit donc éviter de prendre l'individu comme un moyen destiné à satisfaire ses propres visées; mais cela ne signifie pas que l'État doive prendre l'individu pour fin de ses actes. La *Déclaration des droits* ne promet pas du tout à l'individu que l'État fera son bonheur ou son salut. Sans doute, « la conservation des droits naturels et imprescriptibles de l'homme » est une condition générale du bonheur ; sans doute l'homme dont la liberté et la sûreté sont à tout moment compromises n'est pas un homme heureux. Mais si le bonheur peut être l'effet de la justice, ce n'est pas le bonheur, c'est la justice que l'État, selon la *Déclaration*, doit assurer aux citoyens. L'État n'est pas institué en vue de l'individu, mais il est chargé de régler, au nom de la justice, les relations des individus : la doctrine de la *Déclaration* n'est pas plus individualiste qu'elle n'est étatiste.

Est-il donc raisonnable d'en revenir tout bonnement à cette doctrine vieille d'un siècle? Les critiques qu'elle a subies n'ont-elles pas fait justice de ses affirmations ? Et quand elle leur aurait résisté, peut-on soutenir qu'une théorie bonne pour la fin du XVIIIe siècle convient encore à l'aurore du XXe ? Nous accorderons volontiers que plusieurs formules de la *Déclaration des droits* ont vieilli. La liste des droits qu'elle proclame est-elle définitive ? Mettrons-nous la propriété et la résistance à l'oppression sur le même rang que la liberté ? Nous n'oserions l'affirmer. L'énumération des droits paraît empirique ; elle est l'œuvre des circonstances plus que le fruit d'une réflexion systématique. De même, les critiques si vives que depuis un siècle on adresse à l'expression « droits naturels » ne sont pas sans fondement. L' « état de nature » est une hypothèse historique de valeur douteuse, à moins que ce ne soit une hypothèse métaphysique également suspecte. Il était imprudent d'appuyer un programme politique sur des fondements théoriques aussi peu sûrs. Mais si le programme peut s'appuyer sur une doctrine plus certaine, que deviendront les critiques adressées non au programme mais à son principe théorique ? Or, il est facile de montrer que les critiques de la *Déclaration* ne portent que sur ses principes métaphysiques : quand, au lieu de son habit à la mode du XVIIIe siècle, on lui donne un costume plus moderne, on s'aperçoit qu'elle n'a pas vieilli et qu'elle est aussi bonne pour le XXe siècle que pour le XVIIIe.

Si l'idée de justice n'est pas une de ces idées métaphysiques qu'on déduit d'un système, mais qu'un autre système répudie ; si l'idée de justice est une idée nécessaire et comme le ressort secret de tous nos actes, il suffira d'analyser nos actes pour en découvrir la valeur éternelle. Or, nous pouvons démontrer que l'idée de justice est bien une idée nécessaire, le ressort secret de tous nos actes. Qu'est-ce, en effet, que la justice? La loi de justice n'est que la traduction en langage moral d'une loi universelle et nécessaire de la raison : cette loi rationnelle affirme qu'un même phénomène a toujours même cause et même effet, que deux phénomènes identiques ont des causes et des effets identiques, que deux phénomènes différents ont des causes et des effets différents. Au lieu d'employer ces termes abstraits : cause, effet, phénomène, employez des termes qui désignent des choses morales, les actions des hommes. La loi rationnelle veut que la même action d'un même homme ait les mêmes conséquences ou sanctions, que deux actions égales d'un même homme ou de deux hommes égaux aient des sanctions égales ; que deux actions inégales d'un même homme ou de deux hommes égaux, que deux actions égales d'hommes inégaux aient des sanctions proportionnées à la valeur des actes ou à la valeur des hommes. La même loi rationnelle exige encore que deux causes égales agissant de concert éprouvent une réaction égale, ou, en langage moral, que deux agents égaux collaborant également à une même tâche reçoivent une part égale de sanctions. Toutes les fois que dans le monde moral nous croyons assister à une violation de cette loi, nous éprouvons un trouble analogue à celui que nous éprouvons en présence d'une apparente violation du principe de causalité. Une injustice est pour notre esprit un scandale de même nature qu'un phénomène inexpliqué. C'est que l'idée de justice, quelle que soit son origine, est aussi nécessaire à l'esprit que l'idée de cause : elle est le ressort secret de toutes nos actions comme l'idée de cause est le ressort de toutes nos pensées.

Or les « droits de l'homme » énoncés dans la *Déclaration* ne sont que quelques-unes des formes de la justice. La liberté, par exemple, n'est un droit que parce qu'il est injuste de mettre obstacle, sans motif, aux mouvements d'un être humain : il n'agit pas, et on le punit : pas d'action, et cependant la sanction vient : c'est comme si un phénomène se produisait sans cause. Peu importe que l'homme à l'état de nature ait été libre ou non : ce n'est pas cette liberté originelle qui fonde notre droit à la liberté ; vous pourrez donc contester son existence sans contester notre droit. Pour dire que la liberté n'est pas un droit, il faudrait soutenir que la raison accepte des sanctions qui ne sanctionnent rien, des effets qui ne sont effets de rien. On hésitera sans doute devant une telle absurdité. — La résistance à l'oppression n'est un droit que parce qu'elle est une garantie de liberté. Tout ce que nous avons dit de l'une s'applique donc à l'autre. — La sûreté est un droit au même titre que la liberté. Être en sûreté, c'est être à l'abri des souffrances que pourraient nous infliger d'autres individus, comme être libre, c'est être à l'abri des souffrances que pourrait nous infliger l'État : dans les deux cas il s'agit d'éviter que, sans avoir agi, nous subissions une peine. En faisant de la sûreté un droit, la *Déclaration* se réfère encore à la loi rationnelle de justice. — Enfin le droit de propriété dérive de la même loi. Action exige sanction comme cause exige effet. C'est pour assurer à l'homme le fruit de son travail qu'en principe la propriété lui est accordée. Sans doute, au nom de la justice on peut discuter les titres de la propriété, mais la propriété paraissait juste aux hommes de la Révolution : c'est pourquoi ils la comptent au nombre des droits de l'homme. Il est possible que la *Déclaration des droits* n'ait pas tiré toutes les conséquences de l'idée de justice ; il est possible qu'elle se soit trompée en faisant cette déduction ; mais, si imparfaite que soit sa liste des droits, on voit qu'elle est inspirée par la loi rationnelle de justice.

Remarquez que pour poser cette loi nous n'avons fait aucune hypothèse historique ou métaphysique. Inutile, par exemple, de supposer qu'à l'origine des sociétés un contrat formel ait été signé entre les associés. Le contrat qui les lie est écrit dans leur raison ; dira-t-on qu'on ne reconnait pas ces contrats non écrits et qu'avant tout contrat positif il n'y a pas de droit ? « C'est dire qu'avant qu'on eût tracé de cercle, tous les rayons n'étaient pas égaux[1]. » Par cela même que des hommes agissent ensemble, leur rôle dans l'action et leur part dans les bénéfices et les pertes sont réglés a priori selon leur valeur respective. Si les associés tiennent à formuler par écrit les clauses du contrat, c'est ou bien pour les préciser et les expliciter, ou bien pour trancher les débats qui pourraient s'élever entre eux dans le calcul de leur valeur. Ce contrat écrit ne fait qu'interpréter les clauses du contrat rationnel ; ajoutons même que l'interprétation est presque toujours inexacte ; mais les fautes de traduction n'enlèvent rien à la valeur du texte : ce texte, qui n'est écrit que dans la raison, fixe à priori les droits et les devoirs des hommes en société. — Inutile, de même, de supposer entre ces hommes une égalité naturelle : il suffit que les hommes se ressemblent :

(1) Montesquieu, *Esprit des lois*, liv. I, ch. I.

ressemblance, c'est identité partielle ; ce qui est vrai de l'un doit être vrai de l'autre, en tant que le second est identique au premier. Un noble et un vilain volent une même somme d'argent : ils doivent subir le même châtiment, car si nombreux que soient les traits par lesquels ils diffèrent, il en est un par lequel ils sont identiques, et c'est précisément celui qui importe : également voleurs, ils doivent être également punis : les mêmes causes doivent avoir les mêmes effets. Bien plus, si la science nous donnait un nouveau moyen de mesurer la valeur des hommes et nous forçait à conclure qu'ils sont inégaux, la loi de justice n'en serait pas moins applicable, car elle s'applique aussi bien aux rapports des êtres inégaux qu'aux rapports des égaux : le même vol, accompli par un meurt de faim et par un millionnaire, ne sera pas puni du même châtiment précisément parce que, au point de vue de la richesse, les deux voleurs ne sont pas égaux. Loin de postuler une égalité métaphysique des individus, la loi de justice s'applique aux cas d'inégalité comme aux cas d'égalité. — Inutile enfin de supposer, avec M. Renouvier et M. Michel, que les hommes possèdent le libre arbitre. Le libre arbitre, ces philosophes le proclament, ne se démontre pas ; et ils reconnaissent que son existence est discutée : n'est-il pas imprudent, dès lors, de fonder la morale sociale sur cette hypothèse ? Ne risque-t-on pas de la rendre aussi discutable, aussi hypothétique que le principe sur lequel on l'appuie ? En outre, ce n'est pas parce que les hommes échappent au déterminisme qu'ils ont des droits, c'est simplement parce qu'ils pensent et que leur pensée ne supporte pas l'idée d'un fait sans cause et d'une sanction sans action. Le droit de l'homme repose sur la dignité de la personne, mais la dignité de la personne, réside dans la raison plutôt que dans un pouvoir irrationnel. Si les animaux raisonnent et comme nous trouvent absurde un malheur immérité, peu importe qu'ils soient enchaînés par le destin : ils ont le droit de demander la suppression de l'injustice. — Ainsi la doctrine de la *Déclaration des droits* peut être dépouillée de son caractère métaphysique ; la théorie de la justice qu'elle contient a une valeur éternelle : tant qu'ils seront hommes, les hommes diront : « Pas d'action sans sanction, pas de sanction sans action », comme ils diront, tant qu'ils seront hommes : « pas de cause sans effet, pas d'effet sans cause ». Sans doute on peut se tromper en cherchant la justice comme en cherchant les causes ; l'histoire des révolutions politiques, c'est l'histoire des erreurs commises ou des découvertes faites par les hommes dans le domaine de la justice ; mais la justice, bien ou mal définie, est l'idéal éternel des sociétés politiques. Le mérite de la Révolution fut de donner à l'État conscience de cet idéal et d'en découvrir une définition plus exacte. Tout ce qu'on peut faire désormais, c'est d'en préciser encore la formule.

Nous savons maintenant pourquoi l'État se superpose aux autres groupements humains. Nous savons quelle aspiration de notre âme il doit satisfaire. Ce n'est ni pour servir l'État ni pour me servir moi-même que j'entre dans la vie politique ; c'est pour que les relations qui m'unissent aux autres hommes soient réglées par la justice. L'idéal de l'État, ce n'est ni la cité ni le citoyen; c'est la justice intercivique.

CHAPITRE II

LES CONDITIONS DE LA JUSTICE ET LA FORME DE L'ÉTAT

L'ARBITRAGE POLITIQUE

Conditions de la justice : impartialité, universalité.
L'arbitrage politique. — I. Le gouvernement actuel et la justice. — Critique du système des majorités. — Théories de la représentation des minorités. — Leur insuffisance. — II. Le gouvernement arbitral. — Ses principaux rouages. — Est-il désirable ? — Est-il réalisable ?

L'idéal de l'État une fois défini, l'État lui-même doit se déduire de cette définition. A quelles conditions la justice est-elle réalisée ? La solution de ce problème nous indiquera la forme de l'État. Quels sont les différents aspects de la justice sociale ? La réponse à cette question nous donnera la liste des fonctions de l'État.

A quelles conditions la justice est-elle réalisée ? Rappelons notre définition de la justice : la justice, c'est l'établissement d'une proportion constante entre l'action et la sanction : pas d'action sans sanction, pas de sanction sans action ; mêmes sanctions pour les mêmes actions, voilà les formules de la justice. Elle exige donc qu'on mesure la valeur des actes humains, qu'on les compare entre eux et qu'on proportionne les sanctions à leur valeur absolue et à leur valeur relative. Qui sera chargé de faire ces calculs ?

Si Dieu prenait en personne la direction des affaires publiques, les calculs seraient exacts. Mais, comme le pape lui-même ne prétend pas à l'infaillibilité en matière politique, les hommes, livrés à eux-mêmes, doivent se mettre en garde contre les fautes de calcul. Est-ce à dire qu'il faille remettre le gouvernement aux plus habiles calculateurs ? Les moralistes, par exemple, passent leur vie à apprécier la conduite des hommes, à scruter les intentions ; ils cherchent à quels signes se mesure la valeur des actions, comment se définit cette valeur ; ils s'efforcent de mesurer le plaisir ou la peine intime que produit une récompense ou une punition sociale ; peut-être sont-ils plus capables que d'autres d'établir parmi les hommes le règne de la justice : faut-il donc instituer une République platonicienne dont les magistrats seraient des philosophes ?

Mais les philosophes n'échappent pas à l'erreur ; ils ont leurs passions. Admettons pourtant qu'ils soient impartiaux autant que compétents ; ils feront régner une justice qui, aux yeux de leurs concitoyens, sera l'injustice même. En général, les moralistes, précisément parce qu'ils l'étudient avec plus de soin, tirent de l'idée de justice des conséquences que ne comprennent pas leurs contemporains. Ils inventent de nouveaux signes de la valeur humaine ; ils proposent de nouvelles méthodes pour calculer le mérite : les hommes, habitués aux anciens signes et aux anciennes méthodes, sont déconcertés par les jugements des philosophes. Les votes de Socrate, au tribunal des héliastes, devaient surprendre les Athéniens : et il n'est pas étonnant que leur justice l'ait condamné. Si tous nos jurés s'inspiraient de la doctrine du Christ, on supprimerait le jury pour son excessive indulgence. Le rôle des moralistes, clercs ou laïques, est donc d'initier les hommes à leurs découvertes, d'habituer l'esprit public aux définitions les plus parfaites de la justice, mais leur rôle n'est pas de gouverner, car les hommes, ne reconnaissant pas la justice dans leur œuvre, les taxeraient d'iniquité.

D'ailleurs, si les philosophes peuvent préciser davantage les formules de la justice ou reculer de plus en plus les limites de son domaine, ils ne peuvent rien changer à sa définition, et cette définition est inscrite dans toute raison humaine. Chaque homme raisonnable est donc compétent pour appliquer la loi de justice et la compétence de chacun grandira à mesure que se répandront, par l'effort des moralistes, les formules les meilleures de la loi. Il en résulte que tout être raisonnable est digne de prendre part à l'œuvre de justice, digne de prendre part au gouvernement de l'État.

Choisirons-nous donc pour gouvernant le premier venu ? Non, car le premier venu, si raisonnable qu'il soit, peut se tromper pour deux motifs : il peut se tromper sur la valeur absolue de ses semblables s'il est aveuglé par la passion ; il peut se tromper sur leur valeur relative s'il ne compare pas entre eux un assez grand nombre d'hommes : on évitera ces deux causes d'erreur en rendant la justice impartiale et universelle. Si l'un quelconque des citoyens occupe le gouvernement, on peut craindre que l'égoïsme et l'amour-propre, sans compter la haine ou l'antipathie, n'augmentent à ses yeux le prix de ses actes ou des actes de ses amis et ne diminuent d'autant la valeur des autres. Même sans le vouloir, l'égoïste, l'ambitieux est injuste. Il est donc nécessaire que les parties en présence règlent d'un commun accord leurs relations; les passions individuelles seront ainsi réciproquement neutralisées. Ou bien un tiers impartial sera chargé de fixer le droit. Mais comment choisir ce tiers ? C'est seulement si tous les intéressés concourent à son choix qu'il sera impartial. Pour que les actions des hommes soient estimées à leur juste prix, il faut donc que le gouvernement, arbitre des citoyens, soit désigné par tous les citoyens.

Mais l'impartialité du juge, première condition de la justice, n'en est pas la condition suffisante; il doit comparer entre elles les actions des individus; il faut donc qu'il ait juridiction sur tous les individus. L'injustice est flagrante quand un même acte, accompli par deux hommes égaux agissant dans les mêmes intentions, est puni dans un cas, impuni ou récompensé dans un autre. Si l'on comprend à la rigueur qu'un acte considéré comme criminel en France soit tenu pour saint chez les Fuegiens, on ne comprend pas que le même acte soit interdit à Dunkerque et permis à Perpignan. Il faut donc que l'arbitre juge partout d'après les mêmes règles; il ne suffit pas de créer, au sein de la nation, quelques îlots de justice; il faut enlacer la société tout entière dans un réseau dont les mailles serrées ne laisseront échapper aucune iniquité.

L'impartialité, l'universalité, telles sont les deux conditions de la justice. Un gouvernement démocratique, une administration systématique, telles sont les deux institutions nécessaires pour que ces conditions soient remplies. Possédons-nous ces institutions ? Pouvons-nous les posséder ?

L'ARBITRAGE POLITIQUE

Avons-nous un gouvernement démocratique ? Si l'on prend ce terme dans son vrai sens, si l'on appelle démocratique un gouvernement désigné par le peuple tout entier, notre gouvernement, bien que le peuple tout entier soit convoqué pour l'élire, n'est pas démocratique ; mais il est possible de concevoir une transformation de notre régime qui remplacerait la force aujourd'hui régnante par le droit et ferait du gouvernement l'arbitre de tous les citoyens.

I

Il peut sembler paradoxal d'affirmer que notre régime, plus ou moins inpiré par le *Contrat social*, n'est pas démocratique et ne reconnait d'autre loi que la force ; n'a-t-il pas pour principe le respect des volontés individuelles ? Nos *Manuels d'instruction civique* nous répètent que nous sommes libres : ce n'est pas la toute-puissance d'un chef qui soude les uns aux autres les membres de la nation et leur donne des consignes qu'ils ne doivent pas enfreindre ; la loi qui nous régit ne nous contraint pas ; c'est nous qui la faisons ; c'est volontairement que nous lui obéissons ; avant d'agir en commun, les citoyens se mettent d'accord ; ils signent, par leur vote, leur contrat social.

Par leur vote. — Mais si, par hasard, le vote était un mauvais moyen d'assurer la liberté des citoyens, l'idéal inscrit dans nos constitutions ne serait donc pas atteint ? Or, telle est la réalité. Notre idéal, c'est de soustraire à la force notre vie politique ; mais, par le vote, nous réinstallons la force au centre de la vie politique.

Le vote, en effet, donne le pouvoir à une majorité ; est-ce donc « à la majorité » que des hommes disposés à s'associer fixent les clauses de leur contrat ? Pour qu'un contrat soit valable, il faut qu'il soit librement signé par tous sans exception, et que la volonté des uns, fussent-ils 99 sur 100, n'entraîne pas nécessairement la volonté des autres — ou de l'autre. On a donc tort de croire qu'un vote « à la majorité » puisse exprimer la « volonté nationale ». Un député pour qui je n'ai pas voté n'a pas le droit de se dire mon représentant ; il n'a pas le droit, bien que la mode s'en répande, de déclarer, après l'élection, dans la joie du triomphe, qu'il ne connaît plus amis ni adversaires et qu'il est le mandataire de toute sa circonscription. Et de même le président de la République n'a pas le droit de dire, après son élection, qu'il est « au-dessus des partis » : élu d'un parti, il ne représente que ses électeurs ; ce n'est qu'un chef de parti. Dire que la volonté de la majorité c'est la volonté nationale, c'est admettre une arithmétique spéciale dans laquelle la partie serait égale au tout, une mécanique spéciale dans laquelle un mobile rencontré par un autre ne modifierait ni sa direction ni sa vitesse : telles sont les absurdités auxquelles on se condamne quand on voit dans le vote un moyen d'exprimer la volonté populaire.

Ce vice théorique de nos institutions est encore aggravé dans la pratique. Non seulement nous ne pouvons pas être tous représentés, mais, en fait, c'est une minorité qui fait la loi. D'abord, un tiers des électeurs inscrits s'abstient de voter. Mais supposons que, parmi les votants, une majorité se forme au premier tour de scrutin : l'élu a donc pour lui plus de la moitié des votants, c'est-à-dire plus d'un tiers des électeurs inscrits. Il est rare qu'il réunisse les voix de la moitié des inscrits. Souvent, élu au scrutin de ballottage, il en a moins d'un tiers. La moitié au moins de la nation demeure sans représentant ; elle est exclue du pacte social, elle subit la volonté de l'autre. Mais ce n'est pas tout. Les députés, à leur tour, votent les lois à la majorité : souvent près de la moitié des législateurs sont destitués de leurs fonctions et exclus de la confection des lois. De sorte que ces lois, loin d'exprimer la « volonté nationale », expriment la volonté d'une moitié de la Chambre, moitié qui représente elle-même le quart du pays légal[1]. Et nous ne cherchons pas si la liste des électeurs est complète, si elle n'exclut pas des citoyens — ou des citoyennes — qui seraient dignes d'y figurer. Nous n'avons donc pas d'institutions représentatives puisque la moitié de la nation n'est pas représentée ; la loi n'est pas l'expression de la volonté nationale puisque le législateur ignore ou méconnait la volonté des trois quarts des citoyens.

Pour donner au vote son vrai caractère, il faut reconnaître qu'il remet le pouvoir aux mains du plus fort. La « volonté nationale » n'est qu'une expression politique ; la volonté souveraine, c'est la volonté des quelques citoyens qui, formant un groupe plus

(1) On peut admettre, il est vrai, que les députés de la majorité représentent non seulement leurs propres électeurs, mais les électeurs de leur parti qui sont en minorité dans d'autres circonscriptions.

volumineux que les groupes voisins, sont ou paraissent être les plus forts. Le vote permet aux partis de se dénombrer avant la bataille et pour éviter la bataille; par une sorte de convention tacite, on accorde d'avance la victoire au parti le plus nombreux; un vote, c'est un combat fictif qui dispense d'un combat réel[1].

Ce caractère de nos institutions explique l'état de nos mœurs politiques. Il faut s'étonner qu'elles ne soient pas plus violentes. Les *manuels* déjà cités disent volontiers qu'il n'est plus permis de faire des barricades puisqu'on a pour arme le bulletin de vote. Ce langage n'est pas métaphorique : le bulletin de vote est une arme. Mais si cette arme devient insuffisante, pourquoi n'en prendrait-on pas de plus efficaces? Le vote n'étant que le substitut d'un combat, on ne comprend pas que le vaincu, avant de se soumettre, ne recoure pas au vrai combat.

On n'en vient pas toujours à cette extrémité; néanmoins c'est toujours l'état de guerre qui existe entre les citoyens. Et comme la guerre reconnait, paraît-il, un droit privilégié, c'est par le « droit de la guerre » qu'il faut expliquer toutes les violences et toutes les déloyautés des « campagnes » électorales. On gémit du rôle qu'y joue la presse : créée pour éclairer l'opinion, pour répandre la vérité, pour former les mœurs politiques, elle aveugle l'opinion, répand le mensonge et corrompt les mœurs politiques. Mais c'est qu'un journal n'est presque jamais qu'une arme de guerre : comment ses rédac-

(1) On trouvera des idées analogues dans la *Science de la Morale* de M. Renouvier (t. II, p. 234, 240, 242). Mais M. Renouvier admet malgré tout qu'au fond le système des majorités n'est pas injuste (p. 247).

teurs, dans le feu du combat, seraient-ils justes pour l'« ennemi » politique? Non seulement ils sont trompés eux-mêmes par leurs préjugés et leurs passions, mais ils se servent du mensonge comme d'une ruse de guerre, et nous ne devons ni plus ni moins nous indigner en les lisant qu'en lisant dans Tite-Live le récit des ruses d'Annibal, ou qu'en découvrant dans Marbot les déloyautés d'un maréchal de France. Ruses de guerre encore les pratiques destinées à fausser le résultat du scrutin : c'est ainsi que certains gouvernements possèdent une science parfaite de la géographie électorale, et, par un habile découpage des circonscriptions, augmentent les forces apparentes de leur parti. Ruses de guerre les fraudes électorales, ingénieuses ou macabres, qui appellent au scrutin des militaires, des faillis, des absents ou des morts : ce sont les « passe-volants » des armées électorales, et, comme il est moins nécessaire, en pareil cas, d'être fort que de le paraître, l'emploi n'en est dangereux que pour l'armée ennemie. De même il est naïf de réprouver le système des candidatures officielles : pourquoi, quand les autres partis font flèche de tout bois, le parti gouvernemental n'userait-il pas de toutes ses ressources stratégiques? C'est une force électorale que d'être dans l'opposition, mais c'est une force que d'être au pouvoir : il est naturel, puisque la force doit décider, que ces deux forces se déploient librement. De même encore on se voile la face devant certaines coalitions : comment l'extrême gauche peut-elle voter avec la droite? Comment les royalistes de Bordeaux font-ils un pacte avec les socialistes? Mais ces alliances ne sont pas plus monstrueuses que l'alliance de François Ier et du Grand Turc, l'alliance de Richelieu et des protestants allemands, l'alliance de la République et du Tsar. On peut désirer un progrès dans le droit de la guerre électorale comme on désire un progrès dans le droit de la guerre internationale, mais, au lieu de protester contre ces mœurs, mieux vaudrait s'attaquer à l'état de guerre dont elles sont la conséquence. Sans doute un habitant de Saturne qui, descendu dans notre patrie, suivrait les péripéties d'une lutte électorale, assisterait, dans les réunions publiques, à des échanges d'invectives et de horions, entendrait les promesses et verrait les largesses des candidats, ne se douterait pas que les Français se disposent à signer leur contrat social. Et il n'aurait pas grande confiance dans le succès et la durée de leur association; quand des fiancés se querellent, il y a peu de chances qu'ils fassent jamais bon ménage. Mais c'est que les Français qui vont au scrutin ne vont pas signer un contrat d'union : ils vont se battre contre d'autres Français : une élection, c'est une guerre civile.

Les conséquences de l'élection sont les conséquences de la guerre. Les conséquences d'un vote du Parlement, c'est la victoire ou la défaite d'un ministère. Le président de la République, qui se dit l' « arbitre des partis », n'est arbitre qu'en un sens : il juge les coups. C'est ainsi qu'aux grandes manœuvres, on appelle arbitre l'officier qui proclame les vainqueurs. Mais il ne cherche pas à savoir qui a raison et qui a tort : il décide de la force des partis, non de leur droit. La loi est l'œuvre du parti le plus fort : aussi peut-il arriver qu'elle ne soit pas équitable : n'a-t-on pas changé le mode de scrutin suivant l'avantage présumé d'un parti régnant? N'a-t-on pas fait descendre de leur siège des magistrats dont l'opinion était suspecte au parti régnant? Même si la loi est juste, elle paraît injuste au vaincu parce qu'il est le vaincu : elle est profanée par la violence originelle. On la subit comme on subit un traité de paix, et l'on prépare la revanche. La loi perd ainsi sa majesté : on ne la respecte plus, on la tourne à l'occasion, et il arrive qu'on la force à s'incliner devant une « résistance passive ». De son côté, le vainqueur profite de sa victoire. Sans doute il ne dépouille pas ses adversaires, mais il les exclut plus ou moins franchement des charges et des emplois qui, dans notre société, restent entre les mains du pouvoir parce que l'accès n'en est pas soumis à des règles fixes. Les subventions ministérielles sont réservées aux communes fidèles; les bureaux de tabac, les petites fonctions, les rubans de toutes couleurs sont réservés aux amis, aux courtiers électoraux du parti victorieux. Il semblerait que, pour être facteur rural, il fût suffisant d'avoir de bonnes jambes et de la discrétion : il est surtout nécessaire d'être recommandé au préfet par un conseiller général influent. Bien qu'il prétende représenter tout le monde, l'élu du peuple se montre surtout l'ami de ses amis, et il faudrait n'être pas homme pour l'en blâmer. Pendant la dernière période électorale, on pouvait lire sur les murs d'une petite ville du midi une profession de foi dont l'auteur disait en substance aux citoyens : « Si je suis élu, vous aurez deux députés : mon père, conseiller général, agira ici sur le préfet, et moi, à Paris, j'agirai sur les ministres. » Ce candidat, qui fut d'ailleurs battu, étalait naïvement les sentiments d'un grand nombre d'électeurs qui ne désirent qu'une chose après l'assaut : le pillage.

Quoi que nous en pensions, la violence règne donc

dans nos mœurs politiques parce qu'elle règne dans nos institutions. Notre système électoral permet de connaître les volontés des citoyens, mais il ne permet ni de les satisfaire ni de les respecter. Sans doute, la Révolution a soustrait la vie politique à l'une des formes de la force, mais elle l'a remplacée par une autre : ce n'est plus la force effective d'un monarque, mais c'est la force supposée d'un parti qui gouverne. Le centre de force s'est déplacé et élargi, mais c'est toujours la force qui est souveraine. Nous ne sommes pas tous libres ; la loi qui nous régit contraint certains d'entre nous. Il y a antinomie entre la fin de l'État moderne et les moyens employés pour l'atteindre.

Cette antinomie est d'autant plus dangereuse qu'elle est moins aperçue. Il est curieux de remarquer qu'aucun des auteurs qui, sentant obscurément le mal, ont proposé de réformer notre régime, ne touche au principe du vote « à la majorité ».

Tantôt, pour faire de la représentation nationale l'écho de toutes les volontés, on n'hésiterait pas à rendre le vote obligatoire. Et sans doute on remédierait ainsi, en admettant que l'obligation fût réelle, à l'un des maux secondaires que nous avons signalés. Mais on n'irait pas jusqu'à la racine du mal : à quoi bon forcer tous les citoyens à déposer un bulletin, si la moitié de ces bulletins est ensuite tenue pour nulle ?

Tantôt on rend le combat plus égal entre les divers partis, mais on ne supprime pas le combat. C'est ainsi que Victor Considérant[1] proposait d'accorder

(1) J'emprunte la liste de ces projets à Gumplovicz, *Allgemeines Staatsrecht*, p. 314, en y ajoutant quelques propositions récentes.

à chaque parti un nombre d'élus proportionnel au nombre de voix qu'il aurait obtenu sur toute la surface du territoire. Non seulement on déjouerait ainsi les petites habiletés de la « géographie électorale » mais, on éviterait le spectacle scandaleux d'une Chambre divisée en deux fractions très inégales tandis que le pays se partage en deux partis presque égaux. La Chambre serait une France politique au cinquante millième. Belle conception de statisticien ; mais il ne suffit pas de savoir exactement ce que veulent les citoyens : il faut respecter leurs volontés. Or, dans cette Chambre, fidèle image de la nation[1], la loi sera toujours l'œuvre exclusive d'une majorité : elle méconnaitra donc la volonté d'un grand nombre de citoyens.

Stuart Mill recommandait un système différent dans lequel un candidat se présentant dans plusieurs circonscriptions pourrait additionner les voix qu'il y aurait obtenues et serait élu si la somme de ces suffrages atteignait un chiffre déterminé par la loi. Ainsi les minorités, au lieu de présenter un candidat par circonscription, présenteraient le même candidat aux suffrages de deux ou trois collèges, suivant leur force présumée, et seraient sûres d'avoir des représentants. Dans l'état actuel de notre vie politique, caractérisé par l'émiettement des partis, ce système serait peut-être plus facile à appliquer que celui de Considérant qui suppose des partis bien organisés. Mais, outre qu'il donnerait une représen-

(1) C'est à faire de la Chambre l'image fidèle de la nation que s'applique aussi M. Lacombe (*Le Vote libre*, *Revue de Métaphysique*, novembre 1898). Son système, très ingénieux, conserve une majorité et une minorité : il ne lève donc pas la difficulté.

tation moins fidèle de l'opinion, il se heurte à la même objection de principe : il soumet toujours la minorité à la majorité.

La même objection s'adresse au système du *vote limité* et au système du *vote accumulé*[1]. Ces deux systèmes supposent admis le scrutin de liste. Dans le premier, l'électeur inscrit sur son bulletin autant de noms moins un qu'il y a de députés à élire : s'il y a trois sièges, l'électeur ne dispose que de deux voix : c'est comme si la majorité renonçait, en faveur de la minorité, à un tiers de ses forces. Dans le second système, l'électeur qui a plusieurs députés à élire peut voter plusieurs fois pour le même candidat ; c'est une sorte d'arme à répétition qu'on place entre ses mains : la majorité n'en use pas ou n'en use guère parce qu'elle peut avoir, sans en user, un grand nombre d'élus ; mais la minorité, menacée d'être privée de tout représentant, se sert de cette arme pour avoir au moins un député. Mais, outre que cette limitation ou cette accumulation du vote n'assure pas aux partis une représentation proportionnelle, ces systèmes supposent encore que la majorité imposera sa loi à la minorité. C'est obéir à un sentiment chevaleresque que de rendre des points à l'adversaire. Mais la minorité, si fortifiée qu'elle soit par cette faveur, n'en demeure pas moins la minorité, et sa volonté n'en est pas moins méconnue.

Obtiendrait-on un meilleur résultat en « organisant le suffrage universel », comme le voudrait M. Prins ou M. Charles Benoist? Remarquant qu'il

(1) Et par conséquent au système mixte proposé récemment par M. Séverin de la Chapelle (*De la vraie représentation politique*).

y a à la Chambre plus d'avocats et de médecins que d'agriculteurs, tandis qu'il y a dans le pays plus d'agriculteurs que de médecins et d'avocats, M. Ch. Benoist propose de donner à chaque catégorie de citoyens une représentation proportionnelle au nombre de ses membres. Mais ce système, qui appellerait d'autres réserves, ne saurait nous satisfaire puisqu'il se borne à souhaiter la chute de la majorité actuelle et l'avènement d'une nouvelle majorité : les vaincus d'hier seraient demain les vainqueurs ; mais il y aurait toujours des vaincus.— De même, selon M. Prins [1], l'État serait un faisceau de corporations. Tous les citoyens voteraient, mais chacun dans sa corporation. Agriculteurs, industriels, commerçants, savants et artistes, hommes de guerre et hommes de loi formeraient autant de corps s'administrant eux-mêmes et contrôlant réciproquement leurs actions : le conseil général des corporations empêcherait chacune de se développer aux dépens des autres. Si, par exemple, la corporation des transports voulait établir des tarifs, les corps intéressés devraient donner leur avis, « homologuer » les propositions. Telle est la théorie de la représentation des intérêts. Mais ce Parlement des appétits sera plus divisé que le nôtre ! Si l'on y vote à la majorité, les plus riches seront les maîtres. Supposez qu'à propos des tarifs de chemins de fer un conflit éclate entre le corps des agriculteurs et la corporation des transports. Celle-ci, par des dégrèvements injustes, par des faveurs, gagnera les voix de la majorité dans le conseil général des corporations et les droits de l'agriculture seront violés. Ce

(1) *L'organisation de la liberté et le devoir social.*

n'est donc pas ce système qui peut nous donner un gouvernement impartial.

Enfin, M. de la Grasserie, dans un livre récent[1], nous offre une solution du problème. Dans un État fédératif, remarque-t-il, le parti régnant dans une province peut être en minorité dans une autre : tous les partis ont donc leur part légitime d'influence. Il faut souhaiter une fédération des provinces françaises. Est-il utile de discuter longuement cette étrange proposition ? Qu'importerait au royaliste du Nord de savoir que la Bretagne est régie par une administration royaliste si lui-même est soumis à un gouvernement socialiste ? M. de la Grasserie multiplie les États, mais ne change rien à leur régime ; dans la poussière d'États qu'il rêve, une majorité opprimerait toujours une minorité.

Par tous ces projets, et par d'autres, on réussit bien à améliorer — ou à fausser — le mécanisme actuel, mais on ne modifie pas le système. Aucun réformateur ne voit que ce système est contraire au principe fondamental des sociétés démocratiques : la loi doit être votée non seulement par la majorité, mais par l'unanimité des citoyens.

Si nous ne cherchons pas davantage à adapter nos institutions à leur fin, c'est que cette fin n'est pas encore clairement aperçue. Nous avons vu, dans le chapitre précédent, quelles réponses contradictoires nous donnons à la question de l'idéal politique. Libéraux, nous admettons plus ou moins consciemment des institutions autoritaires. Abstraction faite des cas où mon action nuit à autrui, c'est seulement au régiment, dans ma famille ou à l'école, à

(1) *L'État fédératif.*

mon bureau ou à mon atelier qu'on a le droit de contraindre ma volonté : là seulement l'autorité est légitime, car elle remédie à l'impuissance ou à l'incohérence des volontés individuelles. Même dans ces trois domaines, l'autorité est de jour en jour plus faible et son exercice entouré de garanties plus sérieuses. Le père de famille ou le maître d'école, le chef d'atelier ou d'administration, le chef militaire n'ont plus et ne doivent plus avoir sur leurs enfants, leurs employés et leurs soldats les pouvoirs arbitraires dont jadis ils disposaient. A plus forte raison l'État qui n'est ni le père des citoyens ni leur contremaître, ni, en temps ordinaire, leur caporal, n'a-t-il sur eux aucun droit de contrainte. Les citoyens sont des adultes dont la volonté est formée ; ils veulent vivre ensemble puisqu'ils forment une nation : l'État n'a donc à remédier ni à l'impuissance ni en général à l'incohérence de leurs volontés : en temps normal, ils doivent être libres. Mais, en dépit de notre tempérament révolutionnaire et de nos institutions républicaines, nous nous considérons plus volontiers comme des pupilles, des « administrés » et des subordonnés de l'État que comme des citoyens. Voilà pourquoi nous ne nous apercevons pas de la contradiction qui éclate entre notre idéal de justice et notre régime électoral : c'est que la justice n'est qu'un idéal vaguement aperçu : la force obtient toujours notre respect.

II

Est-il possible de concevoir un État où la force ne serait plus souveraine?

Pour nous guider dans cette recherche, nous

devons définir l'autorité légitime de l'État. Puisque des confusions relatives à la notion d'autorité contribuent à vicier notre système politique, nous trouverons le remède en éclaircissant cette notion.

Dans une société contractuelle, en quoi consiste l'autorité? Quand des hommes sont décidés à s'associer, ils commencent par délibérer sur les clauses de leur contrat. Si dès le moment de la rédaction, si plus tard, dans l'interprétation de ces clauses, des divergences viennent à se produire, les associés ne se battent pas : ou bien ils se séparent, ou bien ils s'efforcent de se convaincre réciproquement, ou bien ils cherchent une transaction, ou bien ils demandent à un tiers ses conseils ou son arbitrage[1]. En quoi leur volonté est-elle contrainte? Elle est contrainte parce que le contrat l'oblige à accomplir des actes qui, au moment de l'exécution, ne seront peut-être ni agréables, ni utiles, ni même raisonnables. Mais elle s'est contrainte elle-même en s'engageant. Chaque associé a sur les autres une certaine autorité puisqu'il peut exiger d'eux l'accomplissement de leurs promesses; mais cette autorité, il la tient de ses associés, de la signature qu'ils ont mise au bas du contrat; également soumis à leur traité, les associés n'en sont pas moins libres. Examinons le cas dans lequel, un débat s'élevant entre eux, ils recourent à une transaction : les désirs de chacun sont légèrement violentés, mais c'est volontairement que chacun renonce à une partie de ses aspirations pour obtenir de l'association un bien supérieur à celui qu'il sacrifie; peut-être, étant

(1) Cette dernière solution était même obligatoire dans les sociétés commerciales avant la loi du 17 juillet 1856.

donnée l'infinie variété des esprits et des cœurs, serait-il impossible à des hommes de faire en commun la moindre action s'ils ne consentaient pas à de tels sacrifices. Dans ce cas encore, la volonté de chacun agit sur les autres puisqu'elle obtient d'eux des concessions; les associés, tout en demeurant libres, exercent l'un sur l'autre une sorte d'autorité. Supposons enfin que, renonçant à s'entendre, mais désireux néanmoins de rester unis, ils fassent appel à un arbitre; leur volonté demeure libre, car l'arbitre doit être choisi d'un commun accord; s'ils ne s'entendent pas sur le fond du litige, les associés doivent au moins s'entendre sur le nom de leur juge; mais leur volonté s'engage par là même à se soumettre à la décision de l'arbitre; par respect pour eux-mêmes ils doivent l'accepter. L'arbitre a donc autorité sur ceux qui l'ont choisi; et c'est la seule autorité étrangère à leurs volontés que puissent reconnaître des hommes liés par un contrat.

C'est une autorité de ce genre qui constitue le seul pouvoir légitime dans un État fondé, comme les États modernes, sur le respect des volontés individuelles. Nous formons, en effet, au point de vue politique, une société analogue à celle qui vient d'être décrite. Nous sommes décidés à nous associer puisque nous formons et voulons former une nation. Sauf exceptions, nous ne pouvons guère et nous ne voulons pas renoncer à la vie commune : trop d'intérêts et trop de devoirs, trop d'attachements actuels, de souvenirs et d'espérances nous lient à la terre de la patrie. C'est pour ces raisons que notre contrat social n'est qu'un quasi-contrat[1]; c'est aussi pour

(1) Nous ne prenons pas ce terme dans le sens très restreint

ces raisons que, dans les clauses de ce contrat, aucun article ne peut prévoir la dissolution de la société. Puisque nous ne pouvons ni ne devons nous séparer, il reste, lorsque nous différons d'avis sur une clause du contrat ou sur son interprétation, que nous nous efforcions de nous convaincre, que nous cherchions des transactions ou que nous en référions à des arbitres. Sans doute on peut concevoir — et appliquer — des remèdes plus énergiques : condamner les opposants à la prison, à l'exil ou à la mort, leur enlever leurs droits civiques, les réduire à l'impuissance politique ; mais ces solutions violentes sont de vrais démembrements de la patrie. Par bonheur, on peut recourir aux moyens pacifiques : la libre discussion, la conciliation et l'arbitrage. Dans ces trois cas, aucune volonté n'est contrainte, bien que chacune se soumette à une autorité : autorité intérieure quand c'est le raisonnement qui modifie ma volonté ou quand je fais à la paix sociale le sacrifice d'un de mes désirs ; autorité extérieure quand il s'agit d'un arbitrage. On propose, par exemple, d'élever le taux d'un impôt pour créer un nouveau service public. Deux partis se forment : l'un favorable, l'autre hostile au projet. Vont-ils se battre ? vont-ils aller aux voix ? C'est faire l'union par la suppression du faible. Mais ils peuvent d'abord essayer de la persuasion. L'un montrera que la création projetée répond à un besoin réel : l'augmentation d'impôt sera donc facilement supportée. Si l'autre parti n'accepte pas ces raisons, ne sera-ce pas une preuve que le nouveau besoin n'est pas très

que lui donne le code, mais dans le sens plus large que l'usage commence à lui donner.

intense ? Et dans ce cas ne sera-t-il pas possible aux auteurs du projet de diminuer leurs exigences comme aux adversaires de faire des concessions : l'impôt ne serait que légèrement élevé et l'on n'entrerait qu'avec prudence dans les vues des novateurs. Cette transaction est-elle rejetée par l'un ou l'autre parti ? Reste une dernière ressource : invoquer de concert l'autorité d'un arbitre qui jugera le projet. Comme il aura reçu mandat des deux partis, cet arbitre aura pouvoir sur tous deux ; il pourra, au besoin, contraindre à l'obéissance celui qui se révolterait contre son arrêt ; c'est à cela que se bornerait son pouvoir coercitif, et remarquez qu'en l'exerçant il ne ferait que rappeler au respect d'elles-mêmes les volontés récalcitrantes. Encore les citoyens auraient-ils des garanties contre les abus de ce pouvoir : un arbitre ne peut recevoir qu'une mission de courte durée ; si les parties doivent se soumettre à l'arbitrage qu'elles ont d'avance accepté, il faut, en revanche, qu'elles puissent, si elles croient que l'arbitre a montré de l'incompétence ou de la partialité, renoncer pour l'avenir à sa juridiction. En résumé, l'analyse des relations politiques des hommes dans un « État de droit » nous amène à rejeter toute autorité supérieure aux citoyens dans le cas où ils s'accorderaient de leur plein gré sur leur programme d'action commune, et à n'admettre, dans le cas contraire, que l'autorité d'arbitres choisis par eux pour un temps limité. Pas d'autorité ou une autorité arbitrale, tel semble être l'idéal dans un État contractuel.

Quel système d'institutions pourrait dériver de ces principes ?

Les questions qui peuvent soulever des conflits politiques entre les citoyens intéressent soit une localité, soit plusieurs localités, soit la France tout entière : on aurait donc besoin, pour résoudre ces conflits, d'arbitres municipaux, d'arbitres inter-municipaux et d'arbitres nationaux. Comme la vie sociale est une série presque continue de conflits, ces arbitres pourraient siéger en permanence pendant la durée de leur mandat. Cette permanence aurait un inconvénient théorique : les arbitres étant désignés avant la naissance des conflits qu'ils jugeront, les parties doivent s'engager envers eux par une sorte de blanc-seing. Mais, en politique, cet inconvénient est moins grave qu'ailleurs, car les conflits peuvent être prévus : les divergences, en effet, sont relatives à des projets, à des programmes d'action future : on sait donc, au moment de la nomination des arbitres, quelles affaires ils auront à juger. En outre, la permanence des chambres arbitrales présente deux avantages pratiques : elle évite des élections trop fréquentes et elle permet aux solutions arbitrales d'intervenir à la naissance même des conflits et avant qu'ils se soient envenimés. L'arbitrage international n'a été exercé jusqu'à ce jour que par des magistrats revêtus d'un mandat restreint et provisoire, mais on sent le besoin de tribunaux permanents. A plus forte raison la permanence serait-elle nécessaire dans l'arbitrage politique, puisque les conflits politiques sont plus fréquents que les conflits internationaux : on pourrait donc instituer des chambres permanentes d'arbitres municipaux, départementaux et nationaux.

Pour désigner les arbitres, on n'aurait qu'à modifier notre système électoral. Le vote, dont nous avons vu les inconvénients, a aussi des avantages : d'abord, il nous renseigne sur l'état relatif des partis, et ces renseignements sont utiles pour mesurer l'intensité des aspirations et des croyances sociales, dont l'arbitre doit tenir compte. Mais surtout le vote révèle les partis à eux-mêmes, en groupe les membres, en désigne les chefs : il donne aux partis leur individualité. Pourtant, le vote n'est pas suffisant : chacun des partis dont le vote a consacré l'existence doit prendre part au choix de l'arbitre. Pour faire ce choix, tous les candidats, à moins qu'ils n'aient obtenu un nombre de voix dérisoire, se réuniront après l'élection. Devenus par le vote les représentants de leur parti, ils n'auront pas d'autre mission que d'élire à l'unanimité le juge impartial qui sera le vrai représentant de la volonté populaire.

Montrons par quelques exemples comment jouerait ce mécanisme. Soit à régler l'administration d'une commune. Au moment où expirent les pouvoirs de la municipalité, plusieurs questions divisent les esprits : les uns veulent un pont, les autres une école. Les électeurs vont au scrutin. Dans l'état actuel des institutions, le résultat sera soit favorable au pont, soit favorable à l'école : il n'y aura pas de milieu. Si les deux partis sont égaux, le président de la République s'empressera de dissoudre le conseil municipal pour détruire cette égalité. Dans le système de l'arbitrage, au contraire, on pourrait trouver une troisième, une quatrième et une cinquième solution. Au lieu de proclamer élus les candidats qui ont obtenu le plus grand nombre de voix, on se bornerait à reconnaître pour chefs de leur parti ceux qui arrivent en tête de chaque liste. Ces chefs de parti formeraient le conseil municipal.

Leur premier soin serait de choisir à l'unanimité, parmi eux ou en dehors d'eux (mais de préférence en dehors) l'arbitre chargé de les départager. Ils examineraient ensuite les questions qui ont été agitées durant la période électorale. Ou bien les uns convaincraient les autres par le raisonnement ; ou bien ils signeraient un pacte d'alliance et s'engageraient soit à faire les deux édifices, soit à n'en faire aucun, soit à faire l'école pour satisfaire les uns, mais à accorder sur d'autres points pleine satisfaction aux partisans du pont ; ou bien ils demanderaient à l'arbitre de décider. Ce maire de l'avenir exécuterait donc les résolutions prises à l'unanimité par son conseil municipal ou celles qu'il aurait prises lui-même, sur la demande du conseil, en vertu du pouvoir arbitral qui lui aurait été confié à l'unanimité. Dans tous les cas, on aurait tenu compte, autant que possible, des désirs de tous les habitants.

Soit à résoudre une question qui intéresse à la fois deux ou plusieurs communes. Si toutes sont d'accord, il est inutile de faire intervenir une autorité qui leur enjoindra d'agir à leur gré : l'autorité n'aurait à intervenir que pour sauvegarder au besoin les intérêts des tiers. Si le désaccord éclate, comment le faire cesser ? Aujourd'hui, c'est le préfet qui tranche le débat, ou bien c'est le conseil général qui décide à la majorité ; ou bien chacune des communes agit à sa convenance : c'est ce qui explique pourquoi, en France, le même chemin est praticable sur le territoire d'une commune ou d'un département, impraticable dans la commune ou le département voisin. Ne serait-il pas possible d'établir, au moins pour cette circonstance, des arbitres intercommunaux qui joueraient le rôle de nos conseillers d'arrondissement ou de nos conseillers généraux, mais qui, choisis par les deux parties au lieu d'être élus à la majorité, décideraient eux-mêmes non à la majorité, mais à l'unanimité ?

Soit maintenant à faire la loi et à concilier sur des questions qui intéressent la nation entière les volontés divergentes des citoyens. On emploiera la même procédure. Les élections seront faites comme elles se font aujourd'hui ; seulement au lieu de servir à désigner des législateurs, elles ne désigneront que des chefs de partis. Puis ceux-ci, dans chaque circonscription, se réuniront pour choisir leur arbitre. En théorie, tout candidat, n'eût-il qu'une voix, la sienne, représente une fraction de la nation et doit être appelé à choisir l'arbitre. En pratique, et pour éviter les candidats fantaisistes, un minimum de voix — un dixième par exemple des voix des électeurs inscrits — serait requis pour participer à ce choix. Dans l'assemblée des chefs de partis ne seraient donc pas représentés tous les citoyens mais le plus grand nombre, puisque les quatre ou cinq grands partis et quelques-uns des autres y enverraient des délégués. Cette assemblée ou bien rédigerait un programme transactionnel et donnerait à l'un de ses membres le mandat de le défendre au Parlement, ou bien désignerait en dehors d'elle, à l'unanimité, l'arbitre en qui tous les partis auraient confiance pour défendre au Parlement ce qui lui semblerait équitable. En tout cas, les arbitres, responsables devant leurs mandants rendraient compte de leurs décisions par des sentences publiques et motivées.

Les arbitres nationaux auraient, comme nos députés, une double mission législative et représentative[1] : ils feraient des lois et surveilleraient le gouvernement ; ils auraient en outre à choisir le chef de l'Etat, arbitre des arbitres. On suivrait, pour voter les lois, la même procédure que pour nommer les législateurs. La Chambre une fois constituée, divers partis s'y forment; chaque proposition trouve ses défenseurs et ses adversaires. Ces divers partis ont le devoir de chercher une formule permettant de les satisfaire tous ou d'imposer à chacun un minimum de sacrifices également consentis. Pour être votée, une loi devrait réunir non la majorité des membres de la Chambre, mais la majorité dans tous les partis. L'unanimité absolue serait chimérique dans une assemblée nombreuse, mais tout groupe d'arbitres représentant une fraction notable de la population électorale — un dixième par exemple — pourrait, s'il n'est pas en majorité partisan de la proposition, opposer son veto à la volonté des autres. Dans le cas où l'entente ne s'établirait pas, les partis d'un commun accord demanderaient l'arbitrage du chef de l'État qu'ils auraient choisi à cet effet. Sa décision, acceptée d'avance, aurait force de loi.

Dans un tel système, deux Chambres seraient-elles nécessaires pour faire les lois ? On peut en douter puisque, les partis étant tous également représentés dans l'une, aucune tyrannie ne serait à craindre. On aurait de meilleures garanties de liberté sous un tel régime que sous un régime où le

(1) A moins qu'on ne préfère diviser le travail et confier à un corps spécial chacune de ces missions. Il faut remarquer en effet que la discussion des lois et l'interpellation des ministres sont deux tâches très distinctes et qui exigent des qualités très différentes.

même parti peut avoir la majorité dans les deux Chambres. Que si des traditions respectables et la crainte d'une tyrannie éventuelle exigent le maintien d'une seconde Chambre, elle pourrait être nommée par les représentants des grands corps de l'État (clergé, magistrature, université, armée, administrations publiques) et des principales catégories de citoyens (commerce, industrie, agriculture, professions libérales). Il est à noter, en effet, que nous aurons bientôt deux systèmes représentatifs juxtaposés. D'une part, nous élisons des députés ; d'autre part, les industriels et les commerçants ont leurs Chambres de commerce, les agriculteurs réclament des Chambres d'agriculture ; plusieurs administrations ont leurs Conseils supérieurs où siègent des membres élus. Ne serait-il pas utile de grouper ces assemblées ? Des conflits peuvent en effet s'élever entre ces divers corps ou entre ces diverses catégories de citoyens : le Sénat pourrait être leur arbitre. Si l'on conservait un Sénat, des conflits pourraient s'élever entre les Chambres : en ce cas; elles auraient pour arbitre le chef de l'État.

Le Parlement, composé d'une Chambre ou de deux Chambres, aurait à surveiller le pouvoir exécutif. On concevrait que les rapports des deux pouvoirs fussent réglés par un pacte signé au début de chaque législature. A ce moment, les arbitres nationaux examineraient en commun leurs mandats : on constaterait des divergences, car il est peu vraisemblable que la Bretagne ait les mêmes vues que Paris. On constaterait aussi des ressemblances. Il serait donc possible d'élaborer un programme commun sur certains points, transactionnel sur d'autres. Les hommes qui aspirent à gouverner proposeraient les formules qu'ils croiraient susceptibles de rallier l'unanimité des partis, et celui dont la formule serait acceptée par tous prendrait la direction des affaires publiques.

La formule proposée par le nouveau chef du gouvernement et acceptée par le Parlement serait la loi des parties. Ou bien toutes les fractions de la Chambre reconnaissent que les ministres sont fidèles au pacte : et alors les deux pouvoirs collaborent sans incidents ; ou bien, à tort ou à raison, un parti trouve que le pacte est violé : le ministère doit alors s'expliquer ; si ces explications satisfont la majorité des membres de chaque parti, l'accord est rétabli ; sinon il reste au ministère la ressource d'en appeler à l'arbitre suprême. Dans le cas où celui-ci donnerait gain de cause aux interpellateurs, le ministère jugé infidèle à ses engagements devrait démissionner. Il peut arriver aussi que la Chambre désire changer de politique et rompre le contrat qui la lie au gouvernement ; en ce cas elle peut soit signer un nouveau pacte avec les mêmes ministres soit s'entendre avec d'autres hommes pour réaliser son nouveau programme. Ce système aurait l'avantage de donner plus de stabilité au gouvernement sans diminuer ni le droit d'initiative ni le droit de contrôle des représentants de la nation.

On a vu quel serait le rôle du chef d'un tel État. Lui aussi serait l'élu de tous ; son nom devrait être accepté par tous les partis ; il serait vraiment le représentant de la France. Arbitre entre les divers groupes qui se forment dans le Parlement, il fait la loi en rendant, sur leur demande, un arrêt motivé qui prononce entre eux. Arbitre entre l'exécutif et le législatif, arbitre entre les deux Chambres, il empêche l'un de ces corps d'empiéter sur les droits de l'autre et s'oppose à tout abus de pouvoir. Quant aux abus de pouvoir qu'il commettrait lui-même, ils seraient évités de diverses manières : d'abord la brève durée de ses fonctions le soumettrait à de fréquentes réélections où il devrait recueillir l'unanimité des voix, et le souci de cette réélection lui inspirerait une impartialité suffisante. Mais surtout il ne pourrait pas prendre l'initiative d'un seul acte puisque ses actes ne seraient que des sentences arbitrales et qu'il devrait attendre, pour les rendre, qu'on lui eût soumis le conflit. Or les Chambres, jalouses de leur pouvoir, épuiseraient les moyens de conciliation avant d'en appeler à l'arbitre. C'est ainsi qu'un tribunal, dans notre société, dispose d'un pouvoir étendu sur nos biens et sur nos personnes : il peut nous dépouiller, nous emprisonner, nous mettre à mort par un arrêt. Mais comme il ne peut se saisir lui-même d'aucune affaire, son pouvoir est limité. De même que le pouvoir du juge, le pouvoir de l'arbitre suprême serait encore limité par la publicité de ses audiences où les deux parties seraient tenues d'assister. On conçoit un chef d'État qui ferait en public autre chose que des promenades, qui entendrait publiquement les raisons des divers partis et rendrait publiquement ses sentences arbitrales. Sans être exposé aux tentations du Césarisme, ce chef d'État serait mieux qu'un jouet du protocole : ce serait un magistrat.

Plusieurs degrés d'assemblées arbitrales et, au sommet, un arbitre suprême, tel serait donc le régime qui permettrait de respecter également toutes les volontés individuelles et qui remplacerait, dans nos relations politiques, la force par le droit.

A ce système on fera de nombreuses objections. C'est une utopie, dira-t-on, car le rôle d'arbitre exige des qualités si rares que vous n'en trouverez pas en France un nombre suffisant. En effet, l'arbitre doit être compétent et désintéressé : il doit connaître l'affaire qu'il juge et n'y être pas mêlé. Or il arrive rarement qu'un même homme réunisse ces deux conditions : quand on connaît une affaire, c'est en général qu'on y est mêlé. Le juge d'un tribunal de commerce, commerçant lui-même, est compétent; mais, commerçant, est-il toujours impartial? Les rois de l'ancien régime, d'essence divine, étaient tellement supérieurs à leurs sujets qu'ils ne devaient pas, semble-t-il, prendre parti pour l'un plutôt que pour l'autre : tous étaient égaux devant eux; mais, placés si haut au-dessus des intérêts humains, les rois auraient-ils été des juges compétents? Tantôt on prend pour arbitres des pairs, et ils sont compétents mais partiaux; tantôt on s'adresse à des supérieurs, et ils sont impartiaux mais incompétents. Pour juger, il faut être à la fois impartial et « de la partie ». N'est-ce pas contradictoire? Il est donc certain qu'un bon arbitre est rare. — Mais on peut diminuer la difficulté en réduisant le nombre de nos représentants. Avons-nous besoin de neuf cents législateurs? De cinq cent mille conseillers généraux ou municipaux? Un législateur par département ne serait-il pas suffisant? L'assemblée, moins nombreuse, serait moins sujette aux entraînements des foules. Et serait-il impossible de découvrir dans chaque département un homme compétent et impartial, tenu par tous les partis pour raisonnable et juste? — Mais cet homme, insiste-t-on, appartient à un parti, à moins que, pour diriger les affaires publiques, on ne choisisse un citoyen sans goût pour les affaires publiques. L'idée d'un arbitrage politique est contradictoire, car un arbitre, c'est un *tiers*, étranger aux deux partis, mais un arbitre politique ne peut être choisi que parmi les citoyens, et tous les citoyens dignes de ce nom sont membres d'un parti. — Bien que ce raisonnement touche à l'une des difficultés du système, il paraît l'exagérer. D'abord, sont-ils si rares les citoyens qui, malgré l'intérêt qu'ils portent aux affaires publiques, hésitent à s'enrôler dans un parti? aucun ne répond pleinement à leurs aspirations; ils voient dans chaque programme du bien et du mal; sans scepticisme, sans indifférence et sans inconstance ils sont donc impartiaux. En outre, il ne faut pas croire qu'un homme de parti soit perpétuellement condamné à la partialité. Dans une affaire touchant à la politique il est arrivé à un homme d'État de choisir pour juge le chef de ses adversaires : c'est qu'un pareil mandat excite chez un honnête homme le sentiment de la dignité : on s'efforce de se débarrasser de ses préjugés et de ses passions pour mériter l'honneur qu'on a reçu. Les hommes ne manqueront donc pas pour réaliser le plan qui vient d'être tracé.

C'est une utopie, dira-t-on encore : jamais des chefs de parti ne voudront s'entendre sur un programme commun ni même sur le nom d'un arbitre. Le parti le plus fort imposera toujours son programme ou son candidat; ou bien le plus faible, dont le consentement deviendra nécessaire, fera de l'obstruction. — Nous pourrions remarquer d'abord que ces dispositions d'esprit, dictées par l'état de guerre actuel, seraient inexplicables dans une société plus pacifique. Mais, d'autre part, nous connaissons des assemblées — le jury anglais par exemple — où les décisions se prennent à l'unanimité. Or l'unanimité absolue ne serait requise que pour l'élection des maires et des législateurs ; dans les autres cas, l'unanimité des partis (c'est-à-dire la majorité dans chaque parti) serait suffisante. Pour obtenir cette unanimité, pourquoi n'imposerait-on pas aux électeurs la séquestration à laquelle sont condamnés les jurés anglais ? C'est sans doute un procédé violent, mais c'est surtout une menace propre à rendre moins chimérique l'accord unanime des partis.

S'il n'est pas chimérique, cet accord est-il désirable ? C'est par la lutte, dira-t-on, que s'accomplit le progrès ; il faut de vive force arracher les réformes aux oppositions conservatrices et réactionnaires : un régime qui leur accorderait une part d'influence si considérable serait condamné à piétiner sur place. — Il est certain qu'un gouvernement arbitral serait peu révolutionnaire : la révolution est une des formes de la violence, et ce gouvernement tend à supprimer la violence. Mais il n'est pas l'ennemi du progrès. Vaut-il mieux, pour hâter le progrès, faire un saut en avant au risque de faire ensuite un saut en arrière, ou faire des pas modestes en s'assurant contre le recul ? Vaut-il mieux aller de la Révolution à l'Empire, puis de la monarchie à la république pour retomber ensuite dans le second empire, ou suivre pas à pas la marche de la Constitution anglaise ? Quelle que soit la réponse à cette question, il est certain qu'un progrès accompli malgré la moitié d'une nation, si démocratique qu'il soit en lui-même, n'est pas par sa forme un progrès démocratique. En démocratie on ne doit pas vouloir le bonheur des gens malgré eux. Assurant la continuité des progrès et le respect des volontés même hostiles au progrès, l'arbitrage politique est donc désirable.

Ce régime n'est pas désirable, dira-t-on encore, car il répandra dans le pays l'indifférence en matière politique. En effet, il éloignera les candidats et les électeurs : les candidats puisque les élus du peuple n'auront plus qu'un pouvoir insignifiant : le droit de choisir leur arbitre ; les électeurs, puisque le nombre n'aura plus la même influence sur la direction des affaires. Il est vrai que ce régime éloignerait des candidats : mais quels candidats ? Ceux qui voient dans les fonctions de législateur un métier lucratif. Ceux qui le regardent au contraire comme une dignité ne seront pas éloignés, car il sera toujours honorable d'être le chef désigné d'un parti. Mais où serait le mal si nous n'avions plus de députés faméliques ? Quant aux candidats dont l'ambition est saine, il y a des raisons de croire qu'ils foisonneront puisqu'il suffira de réunir un minimum de voix pour prendre part à la nomination du législateur, c'est-à-dire pour agir efficacement sur les destinées du pays. Il est vrai que les élections perdront leur caractère violent : puisque mon concurrent sera élu comme moi, inutile de l'injurier ; puisque demain j'aurai à discuter avec lui sur les termes d'un compromis ou le choix d'un arbitre, il n'est pas superflu d'être courtois. Son échec ne fera pas ma victoire ni sa victoire mon échec : il n'y a plus ni victoire ni échec puisqu'il n'y a plus de lutte. Assurément ces mœurs pacifiques diffèrent de celles auxquelles nous sommes habitués, mais cette paix ne sera pas le signe de l'indifférence politique.

Quant aux électeurs, leur empressement à voter dépend beaucoup plus de l'intérêt des questions soulevées que de l'importance des fonctions électives. On ne voit pas que les élections des délégués ouvriers soient mortes : chacun tient à voter pour donner plus d'autorité à l'élu. Dans les circonscriptions législatives où ne se présente qu'un candidat, le nombre des abstentions n'est guère plus grand que dans celles où la lutte est vive. Les citoyens, quand leurs mœurs politiques seront formées, tiendront à user de leur droit. Il est vrai que les électeurs qui sont enrégimentés, chez les marchands de vin, par les courtiers des candidats, s'abstiendront peut-être de prendre part à des élections peu lucratives ; mais où serait le mal si la corruption électorale venait à disparaître? Et le régime qui la rendrait inutile ne doit-il pas être appelé de tous nos vœux ?

La plus grave objection contre ce régime consisterait à dire que l'arbitrage est impuissant à résoudre certains conflits. Il y a de nombreux problèmes qu'on doit trancher par oui ou par non, sans qu'on puisse trouver de solution transactionnelle. Il sera donc impossible, dans ce cas, de contenter toutes les volontés. Faut-il admettre le libre échange ou le protectionnisme ? L'impôt doit-il être ou non progressif? Faut-il conserver ou supprimer la peine de mort ? Voilà des questions qui ne paraissent susceptibles que de deux réponses : il faut donc voter pour décider entre l'affirmative et la négative. Nous pourrions répondre d'abord que l'arbitre n'est pas forcé de trouver un compromis entre les deux adversaires; s'il reconnaît que l'un a raison et l'autre tort, il doit décider en faveur du premier ; en ce cas, un compromis serait une injustice; on ne transige pas avec le droit et la vérité. L'adversaire condamné sera satisfait non parce que ces désirs seront comblés mais parce que, en choisissant l'arbitre, il aura lui-même prononcé sa condamnation : dans cette mesure sa volonté sera respectée. Mais il faut remarquer aussi que les problèmes politiques sont presque toujours susceptibles de solutions très nombreuses. Les mots mettent, il est vrai, entre les partis des oppositions qui semblent irréductibles; mais l'esprit humain est trop ingénieux pour être réduit à choisir entre l'affirmative et la négative. Faut-il conserver ou supprimer la peine de mort ? Si l'on ne parvient pas à s'entendre sur la question ainsi posée, on trouvera des solutions intermédiaires : on conservera, par exemple, le principe de la peine, mais on réduira le nombre des cas auxquels elle est applicable, ou bien on exigera du jury, dans les causes capitales, un verdict unanime. Êtes-vous libre échangiste ou protectionniste? La question n'a plus grand sens aujourd'hui, car ces termes désignent des doctrines absolues qui sont abandonnées : entre le libre échange et la prohibition, une infinité de doctrines moyennes suggèrent aux hommes politiques leurs décisions. Et de même, si les passions n'avaient obscurci le débat, on aurait vu récemment que les partisans et les adversaires de l'impôt progressif, ou plutôt les partisans de l'impôt progressif et les partisans de l'impôt dégressif, n'étaient pas séparés par un abîme profond. Il est donc peu de problèmes qu'on ne puisse résoudre par des solutions transactionnelles.

Pourtant, supposons qu'on demande au Parlement l'autorisation de faire la guerre et que deux partis contraires se forment sur cette question : comment trouver une transaction ? Il faut qu'une nation soit en paix ou en guerre : il n'y a pas de milieu. — Nous pourrions répondre qu'en ce cas les deux partis opposés devraient recourir à l'arbitre qu'ils ont choisi pour les tirer d'embarras. — Mais ce serait accorder au chef de l'État un pouvoir exorbitant ! — Eh bien ! nous admettrions volontiers que le veto d'un seul parti suffît pour empêcher le gouvernement de faire la guerre : la question est assez grave pour qu'on puisse exiger l'assentiment unanime des représentants du peuple. Et même nous admettrions qu'il fût interdit au gouvernement de demander au Parlement l'autorisation de déclarer la guerre : nous verrons en effet que le devoir de l'État est de repousser la violence mais non de la déchaîner. On voit que cette grave difficulté n'est pas insoluble.

On insistera : quel arbitre, dira-t-on, mettra d'accord monarchistes et républicains ? Comment la question politique par excellence, la question de la forme du gouvernement, sera-t-elle résolue par un arbitrage ? — En fait, pourrions-nous répondre, cette question sera soustraite à l'arbitrage. Supposons qu'on décide d'appliquer en France le régime qui vient d'être décrit. Qui le décidera ? le Parlement. Le gouvernement arbitral sortira donc non d'un arbitrage, mais d'une loi votée à la majorité : la question de la forme du gouvernement, posée avant sa naissance, ne se poserait donc plus pour lui. C'est ce qui arrive à tout changement régulier et légal de gouvernement : la forme nouvelle naît de la forme ancienne. Mais admettons que, pour se légitimer à

5.

ses propres yeux, un gouvernement arbitral soumette aux législateurs la question de la forme du gouvernement : leur avis unanime, d'après les principes posés plus haut, sera nécessaire. Or, il se trouve que le gouvernement arbitral est précisément le régime capable de rallier tous les suffrages. Et si tous les partis n'y trouvaient pas la satisfaction de leurs désirs, un arbitre chargé de trancher leur différend rendrait sa sentence en faveur du gouvernement arbitral. En effet, plus fidèle que les régimes actuels aux principes démocratiques, il est accepté d'avance par les monarchistes : lisez dans la *Revue de Paris*[1] les *Vues politiques* de M. Denys Cochin, et vous verrez qu'il considère surtout le monarque comme l' « arbitre » de ses sujets. C'est en effet la seule manière d'adapter la doctrine monarchiste aux exigences de la pensée moderne. Remarquons seulement qu'il manque au monarque héréditaire deux des qualités essentielles d'un arbitre : il n'est pas choisi par les deux parties et sa mission n'a pas une durée limitée. — Les hommes politiques qui n'ont d'autre programme que la « conservation de l'ordre social » feront bien d'accepter la théorie de l'arbitrage, car s'ils demeurent fidèles à la pure et simple loi du nombre, il y a de grandes chances pour qu'ils soient vaincus par le nombre. Mais cette théorie n'est cependant pas une arme de guerre contre les socialistes, car elle peut être acceptée par ce parti : outre que le problème politique est secondaire dans leur doctrine, des socialistes français se sont montrés récemment, par leurs paroles et par leurs actes, trop amoureux de liberté individuelle

(1) Numéro du 1er avril 1898, p. 522.

pour qu'un système qui a la prétention de la garantir leur soit suspect. — Enfin, presque anarchiste par sa définition de l'autorité, cette théorie est la moins révolutionnaire de toutes puisqu'elle est l'ennemie de toute violence. Mais je m'aperçois qu'en montrant qu'elle devrait être accueillie par tous je montre peut-être que tous la jugeront insuffisante : les raisons qui la feraient accepter si les hommes désiraient la paix la feront repousser puisque les hommes désirent la guerre. Il est donc possible que l'idée de réaliser la paix politique par l'arbitrage intercivique soit aussi chimérique que l'idée de réaliser la paix universelle par l'arbitrage international.

Pourtant, cette idée n'est pas une simple exigence de la raison a priori. Elle repose sur l'une des hypothèses les mieux vérifiées de la science sociale. Suivant cette hypothèse, les hommes tendent à remplacer, dans toutes leurs relations sociales, le règne de la violence par le règne du droit. C'est par la force, à l'origine, que leur sont imposées des actions collectives, et c'est par la force que sont résolus leurs conflits ; mais peu à peu ils tâchent, avant d'agir en commun, de mettre à l'unisson leurs volontés, et, pour vider leurs querelles, ils font, d'un commun accord, appel à des arbitres. Après l'ère de la force vient l'ère du contrat et de l'arbitrage. C'est ainsi que le droit du plus fort n'est plus un titre de propriété ; c'est ainsi que la famille ne peut plus se constituer sans le consentement des deux époux ; c'est ainsi que les individus ne doivent plus répondre à la violence par la violence et à l'outrage par l'outrage : s'ils n'obtiennent pas de leur agresseur une satisfaction spontanée, ils doivent demander justice à un magistrat impartial. Il est vrai que, outre le domaine politique, trois domaines de la vie sociale demeurent soumis à la loi du plus fort : les querelles des nations, les querelles des classes et les « affaires d'honneur » ne sont pas toujours susceptibles d'une solution juridique : c'est à la guerre, à la grève et au duel qu'on a le plus souvent recours. Mais, même dans ces trois domaines, l'arbitrage a fait depuis un demi-siècle de grands progrès : pourquoi n'en ferait-il pas en politique?

Non seulement notre théorie s'appuie sur une des lois les moins discutées de l'histoire, mais elle tient compte de l'état actuel du gouvernement dans les pays libéraux : elle ne propose qu'une modification du système électoral actuellement employé : au vote succéderait simplement une réunion des personnages dont le suffrage universel aurait prononcé les noms. Nous ne demandons pas de faire une révolution mais de donner à nos institutions le coup de pouce qui suffirait, en changeant leur esprit, pour les adapter à la justice. Et si l'on trouve cette exigence trop révolutionnaire encore, rien n'empêche de faire l'essai de l'arbitrage dans les élections municipales ou même seulement dans quelques-unes d'entre elles avant d'appliquer la même méthode au choix des législateurs. Nous n'oublions pas qu'en fixant au début de ce livre la méthode de la morale sociale, nous avons montré qu'elle doit joindre à la raison l'expérience.

En tout cas, notre objet, dans ce chapitre, était de chercher une forme de gouvernement réalisant la première condition de la justice, l'impartialité : le gouvernement arbitral est le seul qui remplisse cette condition.

CHAPITRE III

LES CONDITIONS DE LA JUSTICE ET LA FORME DE L'ÉTAT (*Suite*).

LA CENTRALISATION ET L'ARBITRAGE ADMINISTRATIF

I. L'universalité de la justice exige la centralisation administrative. — Critique de la théorie de la décentralisation.

II. L'ancien et le nouvel esprit de l'administration centralisée : 1° l'ancien esprit : la centralisation au profit du pouvoir; 2° l'esprit nouveau : la centralisation en vue de la justice ; l'arbitrage administratif.

III. Rapports de l'administration et du public. — Conflit actuel du pouvoir législatif et de l'administration. — Solutions proposées: 1° élection des fonctionnaires; critique; 2° autonomie administrative; critique. — Solution adoptée; arbitrage.

Le gouvernement décrit dans le chapitre précédent assurerait à l'État l'impartialité, première condition de la justice. Mais il ne suffit pas que le juge soit impartial, il faut que, dans toute la nation, il juge suivant les mêmes lois. Comment l'universalité, seconde condition de la justice, sera-t-elle assurée ? C'est la question que nous devons résoudre pour achever de déterminer la forme de l'État.

I

Pour que les mêmes lois soient partout appliquées, il est nécessaire que l'action de l'État s'étende partout : il faut donc que l'État ait partout des agents et qu'il leur transmette comme des mots d'ordre les lois et règlements qui assureront à tous les citoyens une justice égale. En un mot, pour que la justice soit la même partout, il faut que l'administration soit centralisée. Ne nous plaignons donc pas, car si l'on peut faire un reproche à l'administration française, ce n'est pas d'être décentralisée ! Notre idéal administratif serait-il donc atteint ?

Au risque d'aller contre un puissant courant d'opinion qui fait de la décentralisation une sorte de panacée, nous dirons en effet que la centralisation est un bien puisqu'elle est une condition de la justice. Sans le système d'administrations qu'elle a créé, il y aurait parmi nous des déshérités et des privilégiés. Sans l'avoir mérité, des provinces seraient plus largement pourvues que d'autres de routes et de chemins de fer, de bureaux de postes et d'écoles, de tribunaux et de gendarmes. Sans doute ces services d'État ne sont pas toujours parfaitement répartis ; à mérite égal, tous les points de la France ne sont pas également desservis, mais c'est qu'un pareil système d'institutions ne peut sortir de terre tout d'une venue : on comprend que des délais soient nécessaires pour réaliser un plan systématique. Peut-être aussi les méfaits de la guerre électorale sont-ils visibles dans les inégalités qu'on pourrait signaler : n'arrive-t-il pas qu'au lieu de réaliser son plan l'administration doive favoriser la tactique électorale du gouvernement ou de ses amis ? Mais par principe l'administration est systématique : ce qu'elle désire établir, c'est un réseau dont les mailles ne laissent rien échapper : des écoles en assez grand nombre pour que tous les enfants puissent s'instruire, des hôpitaux en assez grand nombre pour que tous les malades pauvres puissent se soigner, des bureaux de postes en assez grand nombre pour que chacun puisse expédier et recevoir son courrier. L'initiative individuelle, si développée qu'on la suppose, échouerait devant une telle œuvre. Si nombreuses et si florissantes que soient les oasis de justice qu'elle parvient à créer dans notre société, elle est impuissante à les relier les unes aux autres : immense est le désert d'injustice qui les sépare. L'initiative individuelle dote richement une institution locale et laisse dans le dénuement les institutions voisines ; ne va-t-elle pas jusqu'à construire de luxueux hôpitaux pour les chiens tandis qu'à la porte des hommes meurent de faim ? L'administration, quels que soient ses défauts, a jusqu'à présent évité ce ridicule. Elle tend à répartir équitablement ses bienfaits ; il est même des services publics, comme les postes ou les chemins de fer, dont l'État n'aurait pas à s'occuper s'il n'était juste de les établir systématiquement dans toutes les régions de la France. Que les services soient équitablement répartis, c'est une des conditions de la justice : c'est même la condition que le peuple tient surtout à voir remplie : la centralisation qui permet de la réaliser est donc un bien.

Ne pourrait-on pas, objectera-t-on, obtenir ce bienfait par un autre moyen ? Sans relier les uns aux autres par une hiérarchie les agents de l'État dispersés dans les communes, on assurerait l'équitable répartition des biens publics et l'égale administration de la justice en plaçant dans toutes les communes des agents de l'État. Ce n'est pas le nombre des fonctionnaires publics que critiquent les décentralisateurs, c'est leur hiérarchie qui place au centre toute l'autorité. — Quels que soient les inconvénients de cette hiérarchie, sa suppression serait dangereuse pour le public et dangereuse pour les fonctionnaires. Chaque commune ou chaque province formant une sorte d'atome administratif se suffisant à lui-même, les agents de l'État, séparés les uns des autres et séparés du centre, infligeraient à leurs administrés des traitements variables suivant les latitudes : ignorant à Carpentras ce qu'on fait à Avignon et ayant le droit de faire à Carpentras le contraire de ce qu'on fait à Avignon, les fonctionnaires useraient de ce droit, et le public, désemparé au milieu de ces juridictions contradictoires, s'imaginerait non sans raison qu'on lui fait tort. Sans doute chaque province, chaque commune a ses besoins spéciaux et nous ne demandons pas que l'État s'applique à supprimer l'originalité locale pour répandre sur le pays une morne uniformité. Mais que chaque province entretienne en elle-même un foyer de vie originale, c'est son affaire ; l'affaire de l'État est de donner à tous la même justice : il est donc nécessaire, dans l'intérêt des citoyens eux-mêmes, que ses administrations reçoivent du centre leurs mots d'ordre. L'intérêt des administrateurs exige aussi le maintien de la centralisation. Elle est, dit-on, un instrument d'oppression. Mais combien les fonctionnaires seraient plus opprimés si leurs chefs suprêmes étaient des maires ou des conseillers généraux. Il n'est pires tyrans que les tyranneaux ; il n'est pires abus de pouvoir que ceux qui sont commis par les petits pouvoirs. M. Garofalo nous dit qu'en Italie l'autonomie des communes rurales a eu pour effet la formation d'une classe de petits feodataires égoïstes [1]. C'est le cas particulier d'une loi universelle : plus les limites d'une circonscription sont étroites, plus le pouvoir y est capricieux. Comme les fonctions sont peu nombreuses, un agent qui a cessé de plaire n'est pas changé de poste, mais destitué, et il ne peut pas appeler de cette décision puisque le chef qui le frappe n'a pas de supérieur. Il est donc nommé et révoqué selon le bon plaisir du magistrat municipal ou provincial. Certaines de nos administrations ont été décentralisées : qu'on cherche dans leur histoire et l'on trouvera à foison des exemples d'un tel arbitraire. — S'ils veulent être justement traités, s'il veulent être également traités, quel que soit le lieu qu'ils habitent, les citoyens feront donc bien de ne pas demander la décentralisation. S'ils veulent être justement traités, s'ils veulent échapper aux passions locales et se réserver des juridictions d'appel, les fonctionnaires feront donc bien de repousser la décentralisation. La justice, pour tous, exige la centralisation.

II

Ce panégyrique est si peu à la mode qu'il fera sourire. Et il faut bien avouer que la mode décentralisatrice n'est pas sans fondement. On pourrait même dire que si la centralisation est un bien, c'est contre le vœu de ses fondateurs. Œuvre de l'Ancien Régime et de l'Empire, elle n'a pas été instituée dans l'intérêt de la justice, mais dans l'intérêt de la force. Les cadres de l'administration semblent calqués sur ceux de l'armée : si tous les fonctionnaires n'ont

(1) *La superstition socialiste*, p. 42.

pas un uniforme et des galons, tous ont un grade. Mais voyons si l'administration centralisée, arme excellente entre les mains de l'autorité, ne peut pas devenir une arme excellente entre les mains de la justice.

La centralisation fait du chef suprême le seul agent de l'administration qu'il dirige. Ses subordonnés ne sont pas des agents, mais des patients. Ils ne prennent pas d'initiatives ou n'en prennent que sur l'ordre des chefs ; ce qui n'empêche pas les chefs de les considérer comme responsables de leurs bévues. Pour tout ce qui n'est pas prévu par les règlements, la consigne est d'en référer au chef qui en réfère à son chef. Et les règlements eux-mêmes prévoient beaucoup de cas où les subordonnés doivent demander des instructions en haut lieu. C'est ainsi que dans l'administration qui est peut-être la moins hiérarchisée, l'administration universitaire, un professeur n'a pas le droit de désigner un de ses élèves pour le concours général des lycées sans en référer au proviseur, qui en réfère à l'inspecteur d'académie, qui en réfère au recteur. Pourquoi le recteur ne demande-t-il pas au ministre des instructions avant de permettre aux jeunes rhétoriciens de concourir ? On l'ignore. Mais n'est-il pas abusif de déranger tant de personnages et des personnages d'une telle importance pour régler une question aussi simple ? Sans doute nous ne sommes plus au temps où le ministre fixait lui-même l'emploi du temps des lycées pour se donner la satisfaction de dire en tirant sa montre : « Tous les élèves de rhétorique traduisent en ce moment une version latine. » Mais nous sommes en un temps où, même dans les administrations dont l'esprit est le plus libéral, les projets d'initiative les plus modestes doivent être sanctionnés par les autorités supérieures avant d'être réalisés : c'est toujours du centre que doit partir l'action. Taine comparait l'esprit à une administration : dans une administration, disait-il, certaines affaires sont traitées par les subordonnés, de même certains de nos actes sont dictés par les centres nerveux secondaires : ce sont les réflexes ; d'autres affaires exigent l'intervention du directeur, de même certains de nos actes exigent l'intervention du cerveau : ce sont les actes intelligents. Il est probable que l'administration française ne veut commettre que des actes intelligents, car tous ses actes exigent l'intervention du cerveau, je veux dire du directeur. Mais, en fait, le directeur signe sans les lire les pièces qu'on lui présente ; il lui est matériellement impossible de prendre toutes ses décisions en connaissance de cause ; l'acte n'est donc pas toujours intelligent ; ce n'est pas un réflexe des centres secondaires, mais c'est tout de même un réflexe. C'est seulement un réflexe plus lent que les autres, car pour aller des subordonnés au chef et revenir du chef aux subordonnés, un délai est nécessaire. Mais ce double voyage et ce délai même donnent au public l'illusion que l'affaire a été examinée soigneusement par l'homme le plus compétent. En réalité ils sont simplement destinés à enlever aux subordonnés toute initiative pour mettre entre les mains du chef les moyens d'exercer un pouvoir absolu.

Ce pouvoir absolu, le supérieur hiérarchique ne l'exerce pas seulement en se réservant le droit d'initiative mais en intervenant sans contrôle dans la carrière de ses subordonnés. Il est vrai qu'il ne peut ni les révoquer ni les suspendre ni même les réprimander, dans certaines administrations, sans qu'ils aient le droit d'appeler de sa décision devant des conseils disciplinaires où ils sont représentés. Mais de tels conseils n'existent pas dans toutes les administrations ; dans celles qui en possèdent, tous les fonctionnaires ne sont pas représentés ; enfin la voix des supérieurs est plus écoutée dans ces conseils que la voix des subordonnés et l'on peut désirer que les accusés aient devant ces tribunaux plus de garanties de justice. Il est vrai qu'il reste au fonctionnaire puni un moyen de se défendre : il peut demander l'appui d'un homme politique ou d'un journal. Mais on comprendra que nous ne vantions pas ce procédé. Ce n'est pas d'ailleurs par les peines disciplinaires les plus graves que se fait sentir l'arbitraire des supérieurs hiérarchiques. Ces peines sont publiques et leur publicité même est une garantie d'équité. Mais il existe des peines secrètes, inconnues même de celui qui les subit : tout supérieur, même dans les administrations où la hiérarchie est plus symbolique qu'effective, donne des notes sur la capacité professionnelle, le zèle et même sur la vie privée de ses subordonnés. Ces notes sont transmises aux chefs supérieurs sans être communiquées aux inférieurs. Si elles sont mauvaises, la carrière est compromise ; des disgrâces imprévues frapperont le fonctionnaire ; il attendra vainement un avancement ou une distinction. On pourrait citer d'excellents fonctionnaires qui, mal jugés au début de leur carrière par un chef malveillant ou incompétent ont passé leur vie à se demander la cause de leur malchance. On conçoit en effet que, sûrs de n'être pas contredits, les hommes chargés de juger leurs inférieurs poussent un peu loin la hardiesse dans l'affirmation, ne prennent pas la peine de contrôler leurs renseignements, et, même lorsqu'ils sont bienveillants, causent par leurs erreurs des injustices. Ce procédé n'aurait jamais été employé si l'administration, à son origine, n'avait été conçue comme une sorte d'armée civile, militairement disciplinée, dans laquelle l'autorité ne devait supporter ni discussion ni contrôle.

Il est bien certain que les chefs d'une administration doivent avoir de l'autorité sur leurs subordonnés. Mais d'autre part les fonctionnaires sont des citoyens libres et il est impossible que l'autorité de leurs supérieurs supprime entièrement cette liberté. La liberté, avons-nous vu, dérive de la justice. Comment l'administration, chargée d'une œuvre de justice, serait-elle injuste envers ses propres membres? Il faut donc chercher un moyen de faire pénétrer l'esprit de justice dans les relations des fonctionnaires.

Pour trouver ce moyen, cherchons de quelle nature est l'autorité d'un supérieur hiérarchique. Il doit d'abord répartir la besogne entre ses subordonnés : comme tout l'ouvrage doit être fait par un personnel restreint, il est parfois impossible de consulter les goûts de chacun; il faut donc user d'autorité pour assigner à chacun sa tâche. — La besogne répartie, le supérieur en surveille l'exécution. Il réprimande ou félicite, il donne des conseils, il peut même demander à ses subordonnés d'abandonner une méthode de travail, une idée, un projet pour se conformer aux méthodes, aux idées et aux projets de l'autorité supérieure : comme la loi, partout la même, doit recevoir partout la même interprétation, les interprétations individuelles des inférieurs doivent céder devant l'interprétation officielle. A ce droit de contrôle se rattache l'influence exercée par le supérieur sur l'avancement de ses subordonnés. — Enfin les supérieurs ont à trancher les différends qui pourraient surgir entre deux inférieurs de même grade ou de grade différent. Deux agents comptables administrant tour à tour une même caisse publique peuvent être en désaccord sur l'état de la caisse au moment où le premier transmet au second son service. Un agent peut avoir à se plaindre de son chef immédiat. Dans les deux cas, les agents en conflit ont pour juge leur supérieur. — Répartition du travail, surveillance du travail, jugement des querelles, telles sont donc les trois formes principales de l'autorité administrative.

La nature de la troisième de ces fonctions nous suggère une idée qui va nous permettre de changer en esprit de justice l'esprit autoritaire de notre administration centralisée. Cette fonction est en effet une fonction judiciaire : il s'agit de voir si l'autorité administrative n'est pas dans tous les cas analogue à l'autorité judiciaire.

Aucune difficulté en ce qui concerne le droit de juridiction administrative. Deux égaux sont en conflit : leur supérieur est leur arbitre-né. Chacun d'eux peut d'ailleurs, s'il est mécontent de la sentence, en appeler à une autre juridiction. Il y a alors conflit entre l'inférieur appelant et le supérieur dont le jugement est frappé d'appel : comment résoudre ce conflit ? Faut-il simplement porter l'appel devant le degré supérieur de la hiérarchie ? Mais aux yeux de ce chef les deux parties ne sont pas égales :

n'aura-t-il pas *a priori*, vu leur inégalité, un penchant à croire l'un plutôt que l'autre ? Pour affermir l'autorité, dit-on souvent, il faut toujours donner gain de cause au supérieur ; un chef qui n'est pas appuyé par ses chefs est discrédité aux yeux de ses subordonnés. Mais notre but n'est pas en ce moment d'affermir l'autorité : notre but est de réaliser la justice. Et nous nous demandons précisément si le désir d'affermir l'autorité n'inspirera pas au chef une injustice. Pour éviter cette injustice, il sera donc bon de constituer un tribunal d'appel où les chefs et les subordonnés seront également représentés, dont les sentences seront rendues à l'unanimité, à moins que, l'accord étant impossible au sein du tribunal, les juges ne fassent appel à un arbitre unanimement choisi. Il va sans dire que, si toutes les administrations publiques, pour être justes envers leurs propres membres, doivent posséder de tels tribunaux, tous ces tribunaux ne seront pas nécessairement conçus sur le même modèle : la discipline qui est nécessaire dans une armée n'est pas nécessaire dans le corps enseignant, dans la magistrature ou dans l'administration du timbre. La composition des tribunaux disciplinaires pourrait donc varier suivant les variations de la discipline elle-même. Entre l'autorité et la justice des tempéraments nombreux doivent être trouvés, à la condition qu'on prenne pour règle de réduire au minimum la part de l'autorité en portant au maximum la part de la justice.

Voyons maintenant si le pouvoir judiciaire du chef n'est pas l'essence même de ses autres pouvoirs. Il contrôle, avons-nous dit, les actes de ses subordonnés. Mais ce contrôle suppose un jugement porté par le chef sur les subordonnés. Ce jugement est même suivi d'une sanction : avancement ou disgrâce, félicitation ou réprimande. Le droit de contrôler, c'est donc le droit de juger : c'est encore un pouvoir judiciaire. Dès lors l'exercice de ce pouvoir ne doit-il pas être entouré de toutes les garanties qu'on accorde aux justiciables? Aucune condamnation ne sera donc secrète, car la publicité est une de ces garanties. De toute condamnation on aura le droit et le pouvoir d'appeler, car l'appel est une autre garantie. Et comme la garantie suprême c'est le droit de libre défense, avant toute condamnation, en première instance et en appel, l'accusé sera invité à se défendre. Il se défendra d'abord devant son chef immédiat et ensuite devant le tribunal d'appel s'il n'accepte pas la décision du premier. Quel sera ce tribunal d'appel ? Celui même dont nous venons d'exposer le mécanisme : dans ce dernier cas, comme dans le cas précédent, il s'agit en effet de résoudre un conflit entre supérieur et inférieur. Les sentences de ce tribunal, en confirmant ou en infirmant les décisions des chefs immédiats, enlèveraient à l'arbitraire l'avancement et la disgrâce des fonctionnaires publics.

Examinons enfin comment le supérieur répartit la besogne entre ses « collaborateurs ». Ou bien la liste des affaires à régler arrive directement au chef qui envoie à chacun sa tâche ; ou bien ce sont les collaborateurs qui renseignent leur chef sur la nature et la quantité du travail : il centralise alors les renseignements et donne ensuite ses ordres. Dans le premier cas, son droit d'initiative ne saurait être contesté. On peut seulement demander qu'il soit permis aux subordonnés de se plaindre s'ils trouvent leur tâche trop lourde et celle de leur voisin trop légère : l'affaire en ce cas serait portée, si elle n'est pas résolue à l'amiable, devant les arbitres administratifs. On peut demander aussi que le chef ne divise pas le travail d'une manière trop minutieuse, qu'il laisse à ses collaborateurs quelque initiative, qu'il leur permette de manifester leurs préférences et de se concerter entre eux pour accomplir les besognes qui leur plaisent le mieux ou leur déplaisent le moins. Mais c'est surtout dans le cas où ils reçoivent eux-mêmes leur besogne qu'on doit demander aux supérieurs de leur laisser quelque liberté. Soit par exemple à régler l'emploi du temps dans un établissement administratif : bureau de poste ou lycée. Les inférieurs savent ce qu'ils ont à faire ; ils pourraient se concerter pour se diviser le travail suivant leurs goûts : est-il donc nécessaire de recourir à un personnage considérable pour faire une opération qui se ferait toute seule ? S'il s'agit du lycée, c'est le recteur qui fixera l'emploi du temps : il est vrai qu'il ne fait ici que donner son approbation au travail fait par les proviseurs et les censeurs et que ceux-ci consultent à leur tour, suivant les habitudes libérales de l'Université, les professeurs intéressés. Mais en est-il de même dans des administrations moins libérales ? Et est-il nécessaire d'aller chercher jusqu'au centre de l'académie une approbation qui pourrait être donnée par un fonctionnaire plus modeste ? Il s'agit simplement, en effet, de voir si le travail préparé au lycée est conforme aux règlements, si les intéressés n'ont pas sacrifié leur devoir à leurs convenances personnelles ; mais l'inspecteur d'académie ne peut-il remplir ce rôle ? Laisser agir et n'intervenir qu'en cas de conflit, telle devrait être la devise des supérieurs hiérarchiques. Même lorsqu'ils surveillent la répartition du travail, ils font encore fonction de juge : ils dressent contravention à ceux qui violent les lois et règlements. Toute leur autorité est donc une autorité judiciaire. C'est en la comprenant ainsi qu'on pratiquera la véritable décentralisation, non celle qui couperait la France en tronçons, mais celle qui laisserait plus d'initiative aux degrés inférieurs de la hiérarchie. C'est en la comprenant ainsi qu'on fera de la centralisation elle-même, quel qu'ait été son but primitif, un instrument de liberté et de justice.

Il convient d'ajouter que cette conception passe lentement dans nos mœurs. Et d'abord quelques-unes de nos administrations possèdent déjà des « conseils » revêtus de pouvoirs disciplinaires. En outre, des habitudes libérales s'introduisent. Un ancien ministre n'écrivait-il pas récemment qu'il n'avait jamais frappé un fonctionnaire sans l'avoir entendu ? Nous pourrions citer de même des administrateurs qui donnent connaissance à leurs subordonnés des notes qu'ils ont à fournir sur leur compte. Un directeur de l'enseignement primaire n'a-t-il pas eu l'idée de soumettre à son personnel, par la voie d'un journal pédagogique, la question suivante : L'instituteur doit-il connaître ses notes d'inspection ? Enfin un inspecteur d'académie écrivait récemment : « Les devoirs de l'inspecteur d'académie sont très simples : il est un tribunal d'appel pour les instituteurs qui se croient lésés par leurs chefs immédiats ; il ne doit jamais accepter, sur qui que ce soit, une accusation, sans la contrôler soigneusement ; il ne doit jamais sévir sans avoir laissé à l'accusé toute facilité pour se défendre[1]. » Les mêmes doctrines se répandent-elles dans d'autres administrations ? je l'ignore. Mais si elles sont appliquées dans l'une, elles seront un jour réclamées par les autres. Nous assistons donc à une transformation libérale de notre administration autoritaire.

III

Si cette transformation libérale mettait plus de justice dans les relations des fonctionnaires, on devrait déjà s'en féliciter. Mais elle est destinée à mettre aussi plus de justice dans les rapports de l'administration avec le gouvernement et avec le public.

Dans un État démocratique, le gouvernement n'est en principe que le représentant du public et comme à son tour il dirige l'administration, on pourrait croire qu'il existe entre ces trois termes une sorte d'harmonie. En réalité, un « conflit permanent[2] » sépare le gouvernement et l'administration. Ce conflit a été vigoureusement décrit par M. Seignobos dans son *Histoire politique de l'Europe contemporaine*. Le personnel politique, dit M. Seignobos, est élu par le suffrage universel et contrôlé par l'opinion ; le personnel administratif se recrute lui-même par cooptation et se contrôle lui-même. « Ces deux personnels, tirant leur autorité de deux principes opposés, tendent à appliquer deux conceptions opposées du gouvernement. Le personnel

(1) J. Payot. *Aux instituteurs et institutrices*, p.231.

(2) Seignobos. *Histoire politique de l'Europe contemporaine*, p. 208-209.

politique, n'ayant qu'un pouvoir délégué d'en bas et temporaire, tend surtout à satisfaire les électeurs dont il dépend, en obéissant à l'opinion de la majorité. Les fonctionnaires, exerçant un pouvoir conféré par en haut et pratiquement viager, tendent à voir dans les citoyens des administrés qu'il faut maintenir dans la soumission due aux règlements et à l'autorité. » M. Seignobos note ensuite la solution qui prévaut : « Le personnel élu, devenu le souverain, ne s'est plus contenté d'exercer sur les fonctionnaires un contrôle indirect par le moyen du budget et une domination indirecte par le moyen des lois » : il surveille les fonctionnaires en « interpellant » leurs chefs et en « s'ingérant dans l'administration ». Cette solution est-elle juste ?

En apparence, l'ingérence des députés dans l'administration est légitime : les représentants du peuple n'ont-ils pas le droit de protéger les citoyens contre les abus de pouvoir des fonctionnaires ? Cette intervention du pouvoir législatif n'est-elle pas de nature à limiter l'autorité, exorbitante dans un État démocratique, de l'administration centralisée ? N'est-elle pas enfin conforme au principe même de la démocratie qui donne la souveraineté au peuple et à ses mandataires ? — Ce qui serait légitime, ce serait l'ingérence de la Chambre tout entière : on comprend que, par des interpellations, elle puisse demander des explications au gouvernement sur l'avancement, la disgrâce ou l'impunité d'un fonctionnaire. Elle est souveraine lorsqu'elle est réunie ; mais un de ses membres a-t-il le droit, au nom du peuple souverain, d'assiéger les cabinets ministériels, directoriaux ou préfectoraux pour peser sur les décisions des chefs d'administration ? Ce n'est pas le principe de la souveraineté populaire, ce sont les exigences de la guerre électorale qui donnent aux députés le droit d'intervenir individuellement dans les actes de l'administration[1].

On peut même aller plus loin : le Parlement n'est pas, en droit, le maître souverain de l'administration. Le seul souverain, c'est la loi. Le Parlement n'a pas le droit de demander au pouvoir exécutif un avancement ou une disgrâce contraire à la loi. Or, d'après la *Déclaration des droits*, l'admission aux fonctions publiques et l'avancement dans les administrations publiques doivent être réglés par la loi. « Tous les citoyens, dit l'article 6, sont également admissibles à toutes dignités, places et emplois publics, selon leur capacité et sans autre distinction que celle de leurs vertus et de leurs talents. » Si, pour déterminer cette capacité, ces vertus et ces talents, on n'établit pas des règles fixes qui, après avoir été votées par les législateurs, s'imposent aux législateurs mêmes, l'arbitraire s'introduira dans le choix des agents de l'État. Si ministres et Chambres violent ces règles ou s'ils les changent non pour les rendre plus justes, mais pour favoriser un particulier ou une classe de particuliers, ce n'est pas seulement la *Déclaration des droits*, c'est la justice même qui est sacrifiée. Il est inutile, en effet, de démontrer longuement que l'article 6 de la *Déclaration*, proportionnant la récompense au mérite, n'est qu'un corollaire de la loi de justice. La loi de justice limite donc le droit souverain du Parlement. D'une part, il est juste que le pouvoir élu contrôle

(1) Remarquons que, par conséquent, la fin de la guerre électorale enlèverait ce droit aux députés : ce serait l'un des avantages du régime décrit dans le chapitre précédent.

l'administration et réprime les abus d'autorité ; mais d'autre part il est injuste que son intervention arbitraire s'oppose à l'application des lois et règlements qui permettent de mesurer la valeur des fonctionnaires. Il faut donc trouver un moyen de garantir à la fois le droit du pouvoir souverain et le droit des citoyens qui sont ou qui veulent être agents de l'État.

On sent vaguement que, dans notre régime, ces deux droits sont également compromis. Aussi a-t-on proposé des réformes destinées à les garantir ; mais les unes, inspirées par les abus de l'administration, exagèrent le droit du pouvoir législatif, et les autres, inspirées par les abus du législatif, exagèrent le droit de l'administration.

Quand un citoyen croit avoir à se plaindre d'un fonctionnaire, il doit légalement s'adresser non pas à son député, mais au chef de ce fonctionnaire. Dans des cas déterminés par la loi, quand par exemple un contribuable se trouve trop lourdement imposé, c'est aux tribunaux administratifs (conseils de préfecture ou conseil d'Etat) qu'il doit avoir recours. Enfin, dans d'autres cas également déterminés par la loi, les tribunaux ordinaires sont compétents. La plainte est-elle portée devant un chef administratif ? Il est à craindre que le chef, au nom de l'esprit de corps, se solidarise avec son subordonné et rejette la plainte à priori. Il est vrai que le chef, soucieux de sa tranquillité et mécontent d'un subordonné qui lui crée « des affaires », peut aussi punir a priori son inférieur ; il est vrai encore que le chef peut être consciencieux et impartial. Mais, aux yeux du public, la sentence d'un chef qui donne tort au plaignant est entachée de partialité.

De même, les tribunaux administratifs étant exclusivement composés de fonctionnaires, leurs sentences, aux yeux du public, sont à priori favorables à l'administration : il faut, pense-t-on, pour que le droit du plaignant soit reconnu, qu'il crève les yeux. Et quelle que soit l'impartialité réelle des conseillers de préfecture et des conseillers d'État, il faut avouer que le recrutement de ces tribunaux donne du crédit à l'opinion qui les taxe de partialité. Restent les cas où le plaignant peut s'adresser aux tribunaux de droit commun : mais ils sont en nombre limité et il ne manque pas de gens pour soutenir que, la magistrature dépendant de l'exécutif, malgré son inamovibilité, ces tribunaux eux-mêmes ne garantissent pas suffisamment les droits des citoyens contre l'arbitraire administratif.

Pour obtenir cette garantie, on demande de soumettre à l'élection les fonctionnaires publics. C'est surtout pour les magistrats de l'ordre judiciaire que cette réforme a été proposée, et le jury n'est après tout qu'une timide application de cette doctrine. Si les fonctionnaires dépendaient tous du suffrage universel, le « conflit » qui sépare le personnel politique et le personnel administratif serait éteint. Reste à savoir si le droit des citoyens aux fonctions publiques serait garanti. Or il est difficile de croire qu'une élection soit un bon moyen de juger « la capacité, les talents et les vertus ». Ce sont des qualités plus superficielles qui frappent en général les électeurs : la physionomie, le costume, le ton de la voix et la facilité de l'élocution ; mais « la capacité, les talents et les vertus » ? Malgré toutes les précautions prises pour le choix des jurés, on s'aperçoit que l'élection fournit de singuliers juges : quels étranges ingénieurs elle nous réserve ! Et ce n'est pas seulement parce que les services publics exigent aujourd'hui des compétences spéciales que l'élection des fonctionnaires serait fâcheuse ; elle serait fâcheuse parce qu'elle serait injuste : elle n'offrirait aux citoyens aucune des garanties auxquelles ils ont droit pour arriver à une fonction proportionnée à leur mérite. Elle n'exagérerait un droit des citoyens qu'au détriment d'un autre droit : la souveraineté populaire, devenant absolue, deviendrait arbitraire.

Soucieux d'éviter l'arbitraire, des publicistes proposent une réforme opposée. Ils constatent que la situation des fonctionnaires, dans notre société, est contradictoire. D'une part, dépositaires d'une parcelle d'autorité, ils peuvent donner des ordres ou infliger des peines aux citoyens : même un marchand de timbres-poste a le droit de m'imposer une amende si mon correspondant s'est trompé en affranchissant sa lettre. Et d'autre part ils sont destitués d'une partie de leurs droits politiques puisqu'il leur est difficile d'énoncer en public des opinions mal vues du gouvernement. Si même on suppose qu'ils professent ces opinions, leur carrière est compromise. Et il suffit qu'un maire, un conseiller général ou un député leur attribue, à tort ou à raison, un geste, une attitude, une parole, un silence suspects pour que, faisant abstraction de « leur capacité, de leurs talents et de leurs vertus » professionnelles, leurs chefs consentent à leur disgrâce. N'est-il pas possible de leur assurer un traitement plus juste et une vie civique plus digne ? N'est-il pas possible de soustraire leur carrière aux influences politiques en donnant à chaque administration une espèce d'autonomie? C'est ainsi qu'un projet de loi est déposé pour permettre à la magistrature judiciaire de se recruter elle-même : la cour de cassation, conseil suprême de la magistrature, fixerait le tableau d'avancement. On entend même parfois demander que, dans toutes les administrations, l'avancement au choix qui laisse place à l'arbitraire soit supprimé. — En ce qui concerne cette dernière exigence, elle serait doublement injuste : elle serait contraire au droit du peuple souverain et contraire au droit des citoyens-fonctionnaires, à moins de supposer que l'âge soit le seul signe du mérite. Quant à l'autonomie administrative, n'aurait-elle pas pour effet de former des corporations indifférentes aux vœux et aux plaintes des administrés, où l'esprit de corps créerait des préjugés et des passions contraires à l'équité? Sans doute, il est désirable, pour la justice même, que l'administration soit affranchie du pouvoir arbitraire du gouvernement; il est désirable, en particulier, que le pouvoir judiciaire soit plus indépendant du pouvoir exécutif. Mais si toutes les décisions, même celles qui intéressent des citoyens étrangers à l'administration, sont prises, au sein des corps administratifs autonomes, par les seuls fonctionnaires, les garanties de justice que les citoyens ont le droit d'exiger ne seront pas fournies. Que les questions qui intéressent exclusivement les membres de l'administration soient traitées par eux à l'exclusion du public et de ses représentants, rien de mieux ; mais toutes les fois qu'il s'agit du public, le public doit être représenté. L'autonomie absolue des administrations, bien qu'elle soit demandée au nom d'un droit, compromettrait un autre droit : affranchie de la souveraineté populaire, l'administration tendrait à l'autoritarisme.

Une solution tenant compte des deux droits opposés est-elle concevable ? C'est encore l'idée de l'arbitrage qui peut nous la suggérer. Puisque l'administration d'une part, le public et ses représentants d'autre part peuvent avoir des droits opposés, pourquoi un tribunal arbitral composé de délégués des deux parties ne serait-il pas chargé de les concilier ? Supposons qu'un citoyen ait à se plaindre d'un employé des postes. Au lieu de prier son député de demander le déplacement de cet employé, pourquoi n'adresserait-il pas sa plainte à une assemblée arbitrale, instituée auprès de l'administration des postes, et comprenant à la fois des délégués de cette administration et des délégués du public ? Aux conseils disciplinaires dont nous avons parlé dans un paragraphe précédent, on ajouterait simplement des représentants du peuple pour juger les affaires où un citoyen est intéressé, et ces deux fractions, l'une administrative, l'autre élective, devraient soit rendre une sentence unanime, soit s'en remettre à un arbitre unanimement désigné. De même les conseils de préfecture seraient transformés : des représentants du peuple se joindraient aux représentants de l'administration, seuls juges dans l'état actuel, et ces deux fractions, placées sur le même pied, rendraient leurs sentences non à la majorité, mais à l'unanimité, sauf le recours à l'arbitre en cas de désaccord irréductible. Il serait important, pour assurer l'égalité des deux fractions de ces tribunaux, de veiller à ce que les représentants des fonctionnaires fussent indépendants des représentants du public. Si les premiers directement ou indirectement peuvent attendre des seconds, l'amélioration de leur carrière, les intérêts et les droits qu'ils représentent seront sacrifiés. Deux moyens pourraient leur assurer l'indépendance. Le premier serait de séparer absolument le pouvoir administratif du pouvoir exécutif, de proclamer l'autonomie absolue du premier. Mais nous avons dit que cette solution nous paraissait diminuer à l'excès les droits du pouvoir populaire : ces droits exigent qu'au moins dans les administrations différentes de l'administration judiciaire les directeurs des services publics soient désignés par le gouvernement. Et cette dépendance de l'administration, si faible qu'elle soit, romprait l'équilibre que nous désirons établir entre les deux fractions de notre conseil arbitral, si la fraction populaire de ce conseil pouvait à son tour influer sur les décisions du gouvernement. Ce serait le cas si cette fraction était composée de membres du Parlement. Mais ici se présente notre second moyen : les représentants du public dans les conseils arbitraux n'auraient pas de mandat politique : il y aurait incompatibilité entre leurs fonctions et celles de législateur. De cette manière les droits des uns et des autres seraient, semble-t-il, garantis.

En résumé, la justice devant être la même partout, l'action de l'État chargé de la réaliser doit être systématique : c'est dire que les services publics doivent être centralisés. Mais cette centralisation, loin d'avoir pour but la soumission des citoyens administrés à l'autorité arbitraire des fonctionnaires, loin de soumettre les citoyens administrateurs à l'autorité arbitraire de leurs chefs, peut se transformer de manière à empêcher les abus d'autorité des uns et des autres pour garantir les droits de tous. Répétons que, par l'institution des conseils supérieurs de diverses administrations, par les règlements qui rendent moins arbitraire l'admission aux fonctions publiques, par les mœurs libérales qui s'introduisent peu à peu, l'administration française prouve qu'elle désire cette transformation. Elle pourrait, semble-t-il, l'accélérer par l'institution de l'arbitrage administratif.

Quand on a déterminé les rapports des gouvernants et des gouvernés, les rapports de l'administration et des administrés, la forme de l'État est fixée. En cherchant quelles institutions peuvent donner au gouvernement l'impartialité, à l'administration l'universalité, nous avons trouvé la forme d'un État soucieux de la justice.

CHAPITRE IV

LES CAUSES DE L'INJUSTICE ET LES FONCTIONS DE L'ÉTAT

I. — CAUSES DÉTERMINÉES

LA MAGISTRATURE JUDICIAIRE

Deux catégories d'injustices ; deux catégories de magistratures publiques.

La magistrature judiciaire. — Elle s'attaque aux causes déterminées d'injustice.

I. Est-elle impartiale ? — Est-elle éclairée ?

II. Moyens de la rendre plus impartiale et plus éclairée.

De la mission de l'État nous avons pu déduire sa forme idéale; cherchons à en déduire la nature de ses fonctions. Pour que les conditions de la justice soient remplies nous savons quels hommes doivent agir au nom de l'État; mais pour que la justice soit réalisée, quelles besognes ces hommes vont-ils accomplir au nom de l'État?

Leurs tâches seront aussi nombreuses que les variétés de la justice. Sans doute la justice est une : de quelque façon qu'on retourne la formule qui l'exprime, on lui fera dire la même chose ; qu'on dise : Pas d'action qui ne doive être sanctionnée, ou : Pas de sanction qui ne doive être méritée, on énonce la même idée, car si l'action n'est pas suivie de sanction c'est comme si la sanction n'était pas précédée d'un acte : priver un acte méritoire de sa récompense, c'est infliger une peine imméritée à l'agent :

laisser un crime impuni, c'est donner au criminel une récompense; il est donc vrai que la justice n'a qu'un visage. Mais si la justice est une, les causes d'injustice sont multiples. Comme il faut, pour faire régner la justice, détruire toutes ces causes, l'État conscient de sa fin doit assumer autant de charges qu'il a de sources d'injustice à tarir.

Théoriquement, on devrait supprimer deux espèces d'injustices : les bonheurs immérités et les malheurs immérités. Dans la pratique, on ne s'occupe que des malheurs. On demande à l'État de ne pas accorder les biens dont il dispose aux citoyens sans mérite, mais on n'exige pas qu'il enlève aux citoyens sans mérite les biens qui leur tombent du ciel; on ne lui demande même pas d'être cruel pour les gagnants des courses ou des loteries. L'État n'intervient que si, en acquérant un bien immérité, on a créé près de soi une souffrance imméritée : l'État ne veille qu'à la suppression des injustices douloureuses.

Ces injustices ont deux sources principales : tantôt elles viennent d'un homme ou d'un groupe d'hommes bien déterminé; tantôt elles viennent d'une cause indéterminée, d'une institution, d'un état social ou même de la nature. Tantôt un tort m'est causé, sans que je l'aie mérité, par le criminel qui m'attaque, par le voleur qui prend ma bourse, par le marchand malhonnête qui me fraude, ou par une société de criminels, de voleurs ou de fraudeurs, ou enfin par une nation tout entière d'agresseurs. Tantôt je sens bien qu'un tort immérité m'est causé, mais je ne saurais dire quel homme ou quel groupe d'hommes est coupable. Je voyage en chemin de fer et je m'aperçois que je paie un prix exorbitant parce que la ligne, au lieu d'être droite, fait des détours que ne justifie pas la configuration du pays : c'est qu'elle a dû respecter des propriétés privées : dois-je donc me plaindre des propriétaires? Ils se sont conformés à leur droit en exigeant des indemnités d'expropriation qu'on a jugées excessives; c'est la propriété elle-même qui est coupable; mais comment m'insurger contre cette abstraction? De même, l'homme qui ne trouve pas de place au « banquet de la vie » sans avoir rien fait pour en être exclu doit-il se venger sur des individus de son bannissement immérité? Mais ces individus ne sont pas coupables; qu'il s'en prenne à l'imperfection de la société ou à la stérilité de la nature! Il faut donc distinguer des causes déterminées et des causes indéterminées d'injustice.

De cette classification des causes de l'injustice se déduit la classification des fonctions de l'État. Puisque ces fonctions ont toutes pour objet la justice, mieux vaudrait les appeler des magistratures et dire qu'il y a deux groupes de magistratures publiques : les unes s'attaquent aux causes déterminées, les autres aux causes indéterminées de l'injustice.

LA MAGISTRATURE JUDICIAIRE

La magistrature qui s'attaque aux causes déterminées d'injustice, c'est la magistrature judiciaire.

Sous toutes ses formes, civile, commerciale, correctionnelle ou criminelle, la magistrature judiciaire est chargée d'infliger des souffrances à quiconque fait subir à autrui une peine imméritée. Cette tâche n'est pas réservée à la justice pénale : c'est aussi la tâche du tribunal civil et du tribunal de commerce.

Quand un époux demande le divorce, le tribunal, bien qu'il juge au civil, doit, comme au criminel, absoudre ou condamner : bien qu'il ne s'agisse pas ici de peine au sens juridique du terme, le divorce est un châtiment pour l'époux coupable et une satisfaction pour l'époux outragé. De même, lorsqu'un négociant se plaint, devant le tribunal de commerce, d'avoir été lésé par un autre, il réclame un châtiment sous forme de dommages-intérêts. La magistrature judiciaire a donc toujours pour mission de proportionner les peines aux injustices d'origine déterminée.

Réciproquement, toutes les fois que la cause d'une injustice est ou peut être déterminée, c'est la magistrature judiciaire qui, en principe, doit intervenir. Plus on découvre de ces causes, plus les codes s'allongent et plus s'étend la juridiction de la magistrature. Cette extension peut tenir aux progrès des moyens d'investigation : tant que la monnaie, le système des poids et mesures, l'alcoomètre et les instruments du même genre n'ont pas été inventés, il a été difficile de punir les fraudes commerciales; les progrès de la chimie, de l'art médical, de l'art vétérinaire et même de la graphologie permettent aux juges de découvrir de nouvelles causes d'injustices. Mais l'agrandissement de leur domaine tient aussi au progrès des idées : tandis qu'on ne reconnaissait jadis ni le droit de l'enfant ni celui de la femme ni celui de l'ouvrier, et qu'on ne supprimait pas la cause de leurs souffrances imméritées quand cette cause était le père, le mari ou le patron, la loi moderne, brisant l'unité excessive de la famille et de l'atelier pour assurer aux individus la justice, impose au magistrat le devoir d'intervenir. Ainsi le progrès scientifique et le progrès moral concourent à étendre la compétence de la magistrature judiciaire. Si l'État veut détruire toutes les injustices, cette extension est désirable : plus elle croîtra, plus l'État s'approchera de son idéal : nous n'avons donc pas à délimiter le domaine de la magistrature judiciaire; il peut et doit être illimité ; mais nous avons à déterminer la tâche que dans ce domaine doit accomplir le magistrat.

La tâche du magistrat consiste à résoudre plusieurs séries de problèmes : une injustice lui est signalée; est-elle réelle ou imaginaire? Si elle est réelle, quel en est l'auteur? dans quelle intention a-t-il agi? faut-il restituer à la victime le bien matériel ou moral qui lui a été ravi? faut-il ravir au coupable le bien qu'il a pris? doit-on lui infliger une peine et quelle peine sera adéquate à la gravité de son méfait? Nous laisserons de côté ces derniers problèmes. Comment calculer la sanction proportionnée à l'action? quelles précautions prendre pour éviter de dépasser le but? la peine ne doit-elle pas être éducative en même temps que préventive? Toutes ces questions, si importantes, ne pourraient être résolues que par une théorie générale de la peine ; elles touchent à la morale pure plus encore qu'à la morale sociale. Prenons le code tel qu'il est: le magistrat, dans l'état actuel de nos institutions, peut-il en appliquer les pénalités aux causes véritables de l'injustice? est-il mis en état de découvrir ces causes? et s'il n'en a pas le moyen, peut-il l'acquérir?

I

Le juge n'est pas revêtu d'un pouvoir inquisiteur qui lui permettrait de censurer toutes les actions des hommes ; ce n'est pas de lui-même qu'il recherche les injustices ; il n'intervient que lorsqu'une dénonciation, une plainte, un bruit public, un fait patent ou enfin une accusation officielle défère une injustice à son tribunal. En ce cas, l'accusé prend un défenseur. Entre l'accusation et la défense, le juge joue le rôle d'arbitre. Toutes les règles relatives à l'arbitrage conviennent donc au juge : il doit être indépendant des deux parties ; il doit être capable de discerner la vérité au milieu de leurs prétentions contradictoires ; il doit être impartial et éclairé.

Que beaucoup de précautions soient prises pour faire des sentences judiciaires des sentences justes, c'est ce qu'on ne peut pas nier. Comme un juge choisi par les parties offre de sérieuses garanties d'impartialité, on a parfois remis aux justiciables le droit d'élire les magistrats : c'est ainsi que les juges des tribunaux de commerce sont élus ; l'élection est aussi le principe de l'institution du jury. Et si tous les juges ne sont pas désignés par les parties, c'est que le nombre des affaires et les difficultés du droit exigent que les tribunaux soient permanents et que les magistrats soient juristes ; mais ce n'est pas qu'on ait voulu violer les règles naturelles de l'arbitrage. Devant le juge, les deux parties, en matière civile et en matière commerciale, sont représentées par des avocats de même rang, égaux aux yeux du tribunal ; le ministère public se désintéresse des affaires ; il ne prend pas parti : le plus souvent, il reste muet. Et cette égalité des deux parties est encore une garantie de l'impartialité du tribunal. Même en matière criminelle, beaucoup de progrès ont été réalisés : hier encore, la loi sur l'instruction contradictoire donnait aux accusés des garanties nouvelles. Plus que d'autres, nos institutions s'orientent vers la justice.

Et pourtant on peut se demander si, aujourd'hui comme au temps de Montaigne, le hasard ne distribuerait pas les peines aussi bien que nos tribunaux.

En effet, si nos juges sont impartiaux et éclairés, c'est grâce à leur vertu personnelle, mais c'est en dépit de nos institutions. Dès qu'il s'agit de justice criminelle, nous n'avons plus de juges, nous n'avons que des accusateurs. De la justice de paix à la cour d'assises, le juge, au lieu d'être l'arbitre de l'accusation et de la défense, n'est plus qu'un collaborateur du parquet. Quiconque est entré dans un prétoire de village, le jour d'une audience de police, a pu assister à cette collaboration. En fait, rien de plus rare, à ces audiences, qu'une discussion entre l'accusateur et l'accusé : la plaidoirie est presque inconnue, et les débats se réduisent à un monologue du ministère public. L'accusateur est assis à côté du juge, il peut l'entretenir à voix basse, lui suggérer son interrogatoire, chercher avec lui dans le code les textes applicables, participer enfin à la rédaction de l'arrêt. Des esprits naïfs pouvaient croire que cette procédure, à peine tolérable quand il s'agit de juger des querelles d'ivrognes, était abandonnée dans les causes capitales : le livre de M. Cruppi sur la *Cour d'assises* [1]

(1) Jean Cruppi. *La Cour d'assises*. Paris, Calmann-Lévy, 1898.

vient de détruire cette illusion. Non seulement le président des assises, par son interrogatoire, accuse, mais il est souvent le subordonné de l'accusateur : il est choisi par le parquet ; il est hiérarchiquement l'inférieur de l'avocat général ; son avancement dépend du parquet [1] ; son impartialité est tellement suspecte qu'il est, en fait, destitué de ses fonctions de juge ; l'institution du jury et la suppression du « résumé » sont l'aveu public de la partialité du magistrat ; mais cette partialité avouée n'est pas détruite.

Il suffit d'ailleurs de feuilleter le code pour voir que la loi confond souvent en une même personne le juge et l'accusateur. D'après le code d'instruction criminelle [2], les cours d'appel s'occupent non seulement de justice, mais de police ; non seulement elles jugent mais elles accusent. D'autre part, dans la liste des officiers de police chargés de rechercher les criminels, nous trouvons à la fois des accusateurs et des juges, à la fois des commissaires de police et des juges de paix, des procureurs et des juges d'instruction [3]. En particulier le juge d'instruction est un personnage hybride : il est, « quant aux fonctions de police judiciaire, sous la surveillance du procureur général [4] » ; il peut remplir, à l'occasion, des fonctions réservées au procureur [5] ; et pourtant le code distingue « l'instruction » et la « poursuite » [6] et spécifie que le juge, dans les

(1) *Op. cit.*, p. 110, 111, 112.
(2) Art. 9.
(3) Art. 9 et 48.
(4) Art. 57 ; cf. art. 279 et 613.
(5) Art. 59, 60 ; cf. art. 283.
(6) Art. 61.

transports sur les lieux, doit toujours être accompagné du procureur [1] comme si leurs fonctions ne pouvaient être confondues. Qu'est-ce donc que le juge d'instruction ? Un policier ou un juge? On n'en sait rien. De même, dans une juridiction inférieure, le suppléant du juge de paix remplit tour à tour les fonctions de juge et les fonctions d'accusateur (art. 144). Bien plus, la loi confère au parquet, c'est-à-dire aux accusateurs, la surveillance de tous les magistrats civils [2], c'est-à-dire des juges. Quant aux juges militaires, ils sont nécessairement les subordonnés du général qui a donné l'ordre de mise en jugement. Partout, l'accusateur et le juge sont donc confondus : et si l'accusateur se distingue du juge, c'est par une supériorité hiérarchique.

Cette confusion du juge et de l'accusateur supprime l'égalité qui doit exister entre l'accusation et la défense. Même aux yeux de la loi, l'accusateur et l'avocat ne sont pas sur le même rang. On lit bien dans le code que le président des assises « avertira le conseil de l'accusé qu'il ne peut rien dire contre sa conscience ou contre le respect dû aux lois, et qu'il doit s'exprimer avec décence et modération [3] », mais on ne trouve aucune recommandation de ce genre à l'adresse de l'accusateur. A priori, on se défie donc de l'avocat. Les mœurs judiciaires n'augmentent-elles pas cette défiance ? Devant la justice militaire, l'infériorité de la défense vis-à-vis de l'accusation éclate plus manifestement encore : entre le parquet militaire et

(1) Art. 62.

(2) Décret du 30 mars 1808, art. 79.

(3) Code d'instruction criminelle, art. 311.

le barreau civil l'habit et les préjugés établissent un abîme. L'avocat général porte une coiffure plus galonnée, une robe plus voyante que la coiffure et la robe de l'avocat ; il occupe un siège plus élevé ; mais ces différences sont légères auprès de celle qui sépare l'épée de la toge. Ainsi, par cela même que le juge est le collègue — et même l'inférieur — de l'accusateur, il ne peut pas considérer comme des égaux l'accusateur et l'avocat : peut-il être leur arbitre impartial?

On a cru garantir l'impartialité des juges en exigeant que la sentence soit rendue sans désemparer et prononcée en public. Par ce moyen, le magistrat est soustrait aux sollicitations qui pourraient l'assiéger dans l'intervalle qui séparerait les débats de l'arrêt. « Les jugements seront... prononcés sur-le-champ, » dit le code de procédure civile (art. 116) pour les tribunaux inférieurs. « Les juges délibéreront entre eux sans désemparer et ne communiqueront avec personne, » dit à son tour, à propos de la chambre des mises en accusation, l'article 225 du code d'instruction criminelle. Mais le premier ajoute aussitôt : « Néanmoins, les juges pourront se retirer dans la chambre du conseil pour y recueillir les avis ; ils pourront aussi continuer la cause à une des prochaines audiences pour prononcer le jugement. » Et la même habitude est prise par tous les tribunaux. De sorte que, après avoir posé un principe, le code décide qu'on pourra ne pas l'appliquer. Sans doute ce sont des nécessités pratiques, l'impossibilité de délibérer en public, les dimensions et la complication des arrêts, qui ont obligé les législateurs à restreindre le principe qu'ils avaient formulé. Il y aurait lieu de voir si ces nécessités pratiques sont toujours aussi fortes qu'en 1807 et si l'on ne peut pas revenir à la règle d'après laquelle le jugement doit être rendu « séance tenante ». C'est une garantie d'impartialité qu'on ne doit pas sacrifier sans examen.

Si nos institutions ne prémunissent pas le juge contre la partialité, le prémunissent-elles contre l'erreur? Nos juges peuvent-ils s'éclairer? Nul ne met en doute leur intelligence ni leur science juridique. Il n'y aurait guère de réserves à faire sur ce point qu'à l'égard des juges de paix et des juges militaires. Les juges de paix et leurs suppléants sont choisis parmi les citoyens les plus honorables; on a raison, en outre, de désigner pour ces fonctions des hommes mêlés à la vie de leurs justiciables; mais serait-il excessif de leur demander d'acquérir des connaissances juridiques moins sommaires? Il serait injuste d'accuser d'ignorance la corporation tout entière; mais, quand on a entendu un de ces magistrats récuser un témoin sans se référer — et pour cause — à un article du code, sous prétexte qu'il était le locataire du demandeur, on ne peut s'empêcher de croire qu'ils ne font pas toujours tous leurs efforts pour connaître la loi qu'ils appliquent. Quant aux juges militaires, ce ne sont que des juges provisoires et rien dans leur éducation ne les a préparés à cette fonction. Ils ignorent — et l'avouent — les éléments du droit et de la procédure. Si des magistrats militaires ont ordonné des perquisitions illégales, si des conseils de guerre ont condamné des hommes sur des pièces secrètes[1] et si la révélation

(1) V. le procès du duc d'Enghien pour lequel nous avons l'aveu d'un juge.

de ces pratiques n'a guère suscité d'étonnement dans l'armée, ce n'est pas que le sens moral y soit émoussé, c'est que l'expérience et la science juridiques sont absentes.

Abstraction faite de ces deux cas, ni l'expérience ni la science ne fait défaut à nos magistrats. Les faits établis, ils sauront appliquer les lois. Mais comment les faits sont-ils établis? Pour acquérir une certitude expérimentale, l'intelligence et la conscience sont précieuses, mais le temps et la méthode sont indispensables : le temps et la méthode font défaut à nos magistrats et à nos jurés. Il faut juger vite : trop de mauvais plaisants raillent les lenteurs de la justice ! Il faut juger vite, les tribunaux sont encombrés et les lenteurs de la justice peuvent compromettre des intérêts. Mais la moindre affaire est compliquée : l'administration de la preuve expérimentale demande des délais ; peu importe, il faut juger vite. « Une seule des chambres du tribunal correctionnel, à Paris, a dû souvent statuer *en un jour* sur *cent* affaires de tous ordres, parmi lesquelles des infractions de haute importance sociale ! » Dans ce cas, « l'information se réduit à sa plus simple expression : un rapport d'agents, un procès-verbal, un bulletin du casier, et peut-être un témoin expédié en hâte à l'audience avec le dossier et le prévenu. C'est de la justice à toute vapeur : le juge se voit contraint à statuer en quelques secondes, sans documents qui puissent l'éclairer... [1] ». Ce n'est là sans doute qu'un cas extrême ; d'autres tribunaux usent d'une plus grande circonspection : heureusement, car cette justice sommaire n'est qu'une co-

(1) Cruppi. *Op. cit.*, p. 6 et 7.

médie de justice. C'est la vérité quo devrait comprendre la justice militaire : à lire les comptes rendus de leurs audiences, on croirait que les conseils de guerre cherchent à s'habituer d'avance aux arrêts sommaires des cours martiales. Il est entendu, paraît-il, devant ces juridictions, que les plaidoyers seront courts [1] : quand l'affaire est complexe, autant vaut dire que tous les moyens de défense ne seront pas présentés ou que leur exposé mécontentera le tribunal ; or, un tribunal pressé n'est pas nécessairement un tribunal informé.

Peut-être la sûreté des méthodes pourrait-elle remédier à la rapidité des jugements, mais les méthodes jettent la confusion dans l'esprit des juges. Devant la cour d'assises, on croit distinguer nettement le fait et le droit : en réalité, le jury confond les deux problèmes : il a la prétention de dire son mot sur la sanction comme sur l'action. Si l'affaire est portée devant le tribunal correctionnel, c'est le même magistrat qui tranche les deux questions. Et dans ces deux questions une troisième est cachée, car la question de fait se dédouble. L'accusé est-il l'auteur du fait incriminé ? Voilà un premier problème, et en voici un second : l'accusé est-il responsable de son acte ? On peut résoudre le premier en suivant les règles de la méthode expérimentale et de la critique historique : il s'agit d'un fait d'expérience objective ; le second est un problème moral. Problème historique, problème moral, problème juridique, voilà trois problèmes d'ordre absolument différent : or, les deux premiers sont entièrement

(1) V. le début de la plaidoirie de Me Tézenas pour Esterhazy devant le conseil de guerre de Paris.

confondus dans les interrogatoires, dans les auditions de témoins, dans les débats et dans les verdicts. Rien de plus fréquent, par exemple, que d'entendre un médecin parler de la responsabilité de l'accusé avant que les témoins aient déposé sur le fait. Il est vrai que, le verdict rendu, « l'accusé ni son conseil ne pourront plus plaider que le fait est faux, mais seulement qu'il n'est pas défendu ou qualifié délit par la loi, ou qu'il ne mérite pas la peine dont le procureur général a requis l'application... [1] ». Il semble donc que le code fasse la distinction que nous réclamons, mais le verdict lui-même ignore cette distinction puisqu'en demandant au jury : « L'accusé est-il coupable? » on lui demande à la fois : « Est-il l'auteur ? » et : « Est-il l'auteur responsable du crime? » De même les deux problèmes sont confondus dans l'âme des juges : ils n'ont en effet pour les résoudre qu'un instrument, leur conscience.

Que la conscience puisse être appelée à résoudre la question de la responsabilité, c'est ce qu'il faut bien accorder, au moins provisoirement. Même si les experts, psychologues ou médecins aliénistes, lui donnaient des renseignements plus sûrs, le juge ou le juré qui se pose cette question devrait se dire : « En admettant même que cet homme soit irresponsable, l'intérêt de la société n'exige-t-il pas son internement ? Si je ne l'exclus pas de la société, ne serai-je pas responsable moi-même des violences qu'il pourra commettre dans l'avenir? » C'est un cas de conscience. Dans l'incertitude actuelle du droit pénal et de la science morale, c'est la conscience du

(1) Code d'instruction criminelle, art. 363.

juge qui doit décider. Mais le problème de la responsabilité ne vient qu'en seconde ligne ; on doit d'abord s'attacher à la question préalable : Est-ce bien l'accusé qui a commis l'acte incriminé ? Or, cette question, plus délicate encore que l'autre, n'est pas du ressort de la conscience : il s'agit de prouver un fait : est-ce la conscience qui donne les preuves expérimentales ? Combien de fois, dans ces derniers temps, avons-nous entendu affirmer sur l'honneur l'exactitude d'un fait hypothétique ! Comme si le sentiment de l'honneur pouvait servir à vérifier les hypothèses ! Si vous demandiez à un historien : « En votre âme et conscience, quels faits se sont passés en 1820 ? » ou bien : « En votre âme et conscience, Homère a-t-il fait l'*Iliade ?* » n'aurait-il pas le droit de vous rire au nez ? Il est donc étonnant que des milliers de jurés qui se sont succédé depuis un siècle dans nos cours d'assises aucun n'ait souri quand on lui a demandé : « En votre âme et conscience, l'accusé est-il coupable ? »

A cette question, il faut répondre par *oui* ou *non* : il n'y a pas de milieu. On ne demande pas au juré : y a-t-il incertitude ? Il ne peut pas dire : les preuves sont insuffisantes ; il doit affirmer ou nier, même s'il doute, même s'il ignore. C'est exactement le contraire de la méthode expérimentale. Celle-ci enseigne le doute, elle montre combien est délicate la preuve du fait le plus simple : les témoignages les plus précis, ceux des victimes mêmes, doivent être suspectés : le flagrant délit n'est pas toujours une preuve suffisante [1] ; l'aveu même de l'accusé doit

(1) Voir par exemple dans les *Confessions* de saint Augustin (VI, 9) le cas de son ami Alype pris en flagrant délit de vol, bien qu'il n'eût pas volé. — Rapprocher ce cas de celu

être contrôlé. Mais le juré n'a pas à discuter la valeur des preuves : « La loi ne demande pas compte aux jurés des moyens par lesquels ils se sont convaincus : elle ne leur prescrit point de règles desquelles ils doivent faire dépendre la plénitude et la suffisance d'une preuve : elle leur prescrit de s'interroger eux-mêmes dans le silence et le recueillement, et de chercher dans la sincérité de leur conscience quelle impression ont faite sur leur raison les preuves rapportées contre l'accusé et les moyens de sa défense..... Elle ne leur fait que cette seule question qui renferme toute la mesure de leurs devoirs : *Avez-vous une intime conviction*[1] *?* ». Le fait peut être douteux : on demande une certitude. Il s'agit d'un fait objectif : on demande une conviction « intime ». Il faut atteindre un fait d'expérience : la loi exclut la méthode expérimentale.

Privé de preuves, comment juge-t-on ? D'après des « impressions[2] », nous dit M. Cruppi. Autant vaut dire qu'on juge au hasard ; autant vaut dire qu'on n'est pas un juge. Et, en effet, sont-ils des juges, ces magistrats, si « consciencieux et expérimentés » qu'ils soient, qui, dans l'incertitude, « se réfugient dans le compromis des courtes peines[3] » ? Hésitant entre la culpabilité et l'innocence de l'accusé, ils prennent le milieu entre le maximum et l'acquitte-

du sourd-*muet* pris en flagrant délit de *cris* injurieux (Nancy, janvier 1898).

(1) Code d'instruction criminelle, art. 342 : instruction à remettre aux jurés. Remarquer un détail de style : contre l'accusé il peut y avoir des « preuves », mais la défense ne présente que des « moyens ».

(2) *Op. cit.*, p. 34.

(3) *Id.*, p. 6. Cf. Enrico Ferri, *La justice pénale.*

ment, comme si ce n'était pas un crime de condamner dans le doute. Et ce ne sont pas non plus des juges, ces jurés qui condamnent ou absolvent suivant les incidents d'audience, suivant le talent qu'ils trouvent à l'avocat général ou au défenseur, suivant la sympathie ou l'antipathie que leur inspire la mine de l'accusé. Magistrats et jurés, dans un procès criminel, sont désemparés : la méthode qu'on les contraint de suivre les suspend dans le vide. Comme on comprend que les présidents d'assises, suivant la remarque de M. Cruppi, aspirent à quitter le domaine de la justice pénale pour siéger au civil ! J'imagine qu'une présidence d'assises n'est pas seulement pour eux une « corvée », mais un supplice moral. Ils ont, sans doute, le sentiment que le caractère équivoque de leur fonction, la rapidité de leurs enquêtes et l'insuffisance de leurs méthodes les condamnent fatalement à l'erreur.

Peut-être accordera-t-on tout ce que nous venons d'établir, mais on ajoutera que les chances d'erreur sont diminuées par la collaboration des juges et par l'institution de l'appel. Un juge unique se tromperait souvent, mais que plusieurs hommes jugeant la même affaire commettent la même erreur, la coïncidence est singulière ; les juges délibèrent : ils s'éclairent donc mutuellement ; ils jugent à la majorité : nouvelle garantie. Enfin, on peut appeler de leurs décisions : s'ils se sont trompés, n'y a-t-il pas de grandes chances que pour leur erreur soit rectifiée par les tribunaux supérieurs ? — Mais cette argumentation contient implicitement la thèse que nous avons annoncée : le hasard jugerait aussi bien que nos tribunaux. Multiplier les juges, multiplier les degrés de juridiction pour diminuer les chances d'erreur, c'est admettre que l'erreur — et la vérité par là même — est soumise à la chance. Mettons donc toutes les chances de notre côté. Le calcul des probabilités, nous dit Laplace, prouve que l'unanimité même d'un jury de douze membres ne supprimerait pas toutes les chances d'erreur, qu'une majorité de 9 contre 3 laisse une chance d'erreur sur 22 cas; qu'avec une majorité de 8 contre 4, il y a en moyenne 1 erreur sur 8 jugements [1]. Et, malgré l'énormité de cette proportion, nous nous contentons d'une majorité plus faible : il suffit pour condamner d'être 7 contre 5 : c'est-à-dire que nous exposons nos jurys à se tromper une fois sur trois. Il est donc possible que sur trois condamnés il y ait un innocent. Qui resterait indifférent à cette pensée? Et cependant, notre hypothèse est sans doute au-dessous de la réalité, car la majorité qui décide est souvent tout artificielle. Supposons en effet que, trois opinions soient exprimées pendant la délibération d'un tribunal civil ou d'une cour d'appel. Ces trois opinions seront mises aux voix, mais « les juges les plus faibles en nombre seront tenus de se réunir à l'une des deux opinions qui auront été émises par le plus grand nombre [2] ». Et les jurés, bien que cette règle ne leur soit pas imposée, sont bien obligés de la suivre, puisque aux diverses questions qu'on leur pose ils ne peuvent que fournir deux réponses : *oui* ou *non*. Qu'une troisième opinion se manifeste au sein du jury, et ses partisans seront forcés de se rallier à l'affirmative ou à la négative. La majorité de 7 voix contre 5 ne représente donc

(1) V. Barni. *La Morale dans la démocratie*, p. 101.
(2) Code de procédure civile, art. 117, 467.

pas nécessairement l'exacte opinion des jurés : c'est dire que si les jurys ne réunissaient jamais d'autre majorité, le calcul des probabilités prouverait qu'ils rendent autant de sentences iniques que de sentences justes.

Heureusement, dira-t-on, reste l'appel. — Oui, reste l'appel pour les causes civiles ou correctionnelles. Mais en matière criminelle l'appel n'existe pas. On peut casser les arrêts pour vices de forme; on ne peut pas, sauf en cas de revision, les infirmer pour erreur matérielle. Lorsque des ivrognes ont réveillé quelques paisibles bourgeois, lorsque deux propriétaires se querellent pour un mur mitoyen, le jugement qui intervient est susceptible d'appel. Mais lorsqu'il s'agit de la vie d'un homme, un seul examen suffit : et si par malheur le greffier n'a pas écrit un mot de travers, ou si aucun juré n'a dit un mot de trop, la sentence de mort sera définitive. Les tribunaux criminels tiennent-ils donc de la grâce divine le privilège d'éviter l'erreur en dépit de toutes les probabilités et malgré les vices de leur organisation ? Hélas ! les statistiques [1] prouvent que les condamnations à mort cassées pour vice de forme sont parfois remplacées, au second procès, par des acquittements. Et cette simple constatation montre que l'appel ne serait pas inutile en matière criminelle.

En résumé, on voit que nos juges, quelle que soit leur valeur personnelle, ne sont pas encore, malgré les progrès accomplis, des arbitres impartiaux et éclairés. Nos tribunaux semblent être, aujourd'hui encore, destinés à la répression du désordre plus qu'au châtiment de l'injustice.

(1) V. Barni, *op. cit.*, p. 206.

II

Les défauts que nous venons de signaler sont-ils sans remède? Est-il possible de protéger davantage les magistrats contre l'inconsciente partialité et contre l'erreur involontaire ?

En ce qui concerne les tribunaux correctionnels et les cours d'assises, M. Cruppi, dans l'ouvrage déjà cité, propose des réformes modestes mais suggestives. Il voudrait généraliser l'institution du jury et appeler le juré à trancher la question de la pénalité comme celle de la culpabilité. Le magistrat de carrière apporterait une indiscutable compétence juridique, le juré une indiscutable impartialité : leur collaboration ne pourrait qu'être féconde. En Tunisie cette collaboration existe depuis quelques années et les magistrats s'en déclarent satisfaits; mais la France ne semble pas disposée à profiter des expériences qu'elle fait dans ses colonies. En s'inspirant librement du projet de M. Cruppi, on concevrait donc des tribunaux correctionnels composés d'un juge professionnel et d'un juge élu, l'un représentant le droit, l'autre l'équité : ces deux juges seraient égaux et ils ne pourraient condamner qu'à l'unanimité : tout désaccord entre eux entraînerait l'acquittement, en vertu du principe qui fait bénéficier l'accusé du moindre doute. Ils n'auraient pas à chercher de compromis entre l'absolution et la condamnation. On comprend que des arbitres politiques, dont la sentence doit aboutir à un acte positif, soient obligés, en cas de désaccord, de chercher une transaction. Mais comme on ne saurait condamner un innocent sans commettre une injustice plus grande que celle qu'on veut réparer, il faut prendre toutes ses précautions pour l'éviter et préférer l'impunité d'un coupable au supplice d'un innocent. Quelles que soient donc les présomptions de culpabilité, le doute symbolisé par le désaccord des deux juges emporterait l'acquittement. On concevrait des cours d'assises composées de même de juges professionnels et de juges élus, égaux en nombre, égaux en puissance. Pour les causes de moindre importance, ils seraient, par exemple, au nombre de trois dans chaque section, et l'assentiment de deux membres de chaque section serait nécessaire pour obtenir une condamnation. Pour les causes capitales, les juges seraient au nombre de six, les jurés en nombre égal, et l'unanimité absolue serait requise pour condamner. On se demandera peut-être quel serait le président de ces tribunaux : mais le président, ramené à son rôle d'arbitre, n'aurait à interroger ni les accusés ni les témoins ; il n'aurait qu'à faire la police de l'audience et à parler au nom de ses collègues : peu importerait qu'il fût désigné par l'âge, l'ancienneté, l'élection, le sort ou tout autre moyen ; l'essentiel pour assurer l'impartialité serait que les tribunaux fussent constitués comme des cours arbitrales.

Cette réforme elle-même serait vaine si le juge professionnel continuait à dépendre du parquet. Il faut donc résolument couper le pont entre la magistrature assise et la magistrature debout. D'une part, on aurait des juges : juges de paix, juges d'instruction, juges des tribunaux et des cours ; d'autre part, on aurait des officiers de police et des accusateurs publics. Ni le juge de paix, ni le juge d'instruction ne serait officier de police judiciaire ; ni l'un ni l'autre n'aurait d'ordres à recevoir des procureurs. Sans doute il est excellent que, dès le début d'un procès, des juges suivent l'affaire. On a vu, par le cas de Pierre Vaux, de quel poids pourrait être parfois, si on l'écoutait, l'avis d'un modeste juge de paix ; il est excellent que, dès le début, l'accusé ait affaire à d'autres hommes qu'à ses accusateurs ; l'enquête des juges serait donc conservée à côté de l'enquête des policiers, mais ces deux enquêtes ne seraient plus convergentes : elles seraient parallèles.

Parallèles et non convergentes seraient, à tous points de vue, les deux magistratures. Elles seraient si nettement séparées qu'elles n'auraient pas le même chef : les juges seraient nommés soit par la cour suprême, soit par le ministre de la justice ; les accusateurs seraient nommés par le ministère de la police, c'est-à-dire par le ministère de l'intérieur. Dès maintenant, les premiers sont inamovibles et les autres amovibles, mais l'équivalence est si bien établie entre le parquet et le siège qu'en fait révoquer un procureur, c'est le nommer président : au lieu d'être destitué, il devient inamovible. Cette interférence des deux magistratures nous donne des juges dont la carrière dans l'accusation a été plus longue que dans la défense et qui par suite conservent sur le siège les habitudes accusatrices du parquet. Il ne suffit donc pas, pour avoir des juges impartiaux, de les déclarer inamovibles ; il est nécessaire de distinguer leur carrière de la carrière des accusateurs.

Cette distinction ne serait pas seulement juste, elle serait utile. Les fonctions des deux magistratures sont, en effet, différentes. La tâche d'un procureur est double : d'une part, il recherche les coupables, d'autre part il prend la parole pour les accuser : c'est un policier doublé d'un avocat. A la rigueur, on pourrait donner chacune de ces besognes à un fonctionnaire spécial : les officiers de police, quand ils auraient des accusés à poursuivre en justice, s'adresseraient à des avocats pour soutenir oralement l'accusation. C'est ainsi que le ministère des finances, quand il poursuit devant les tribunaux les contribuables récalcitrants, se fait représenter par des avocats attachés à son administration. Mais, comme le ministère de la police a, par définition, plus d'affaires à suivre que le ministère des finances, on comprend que ses avocats lui soient plus étroitement attachés : ce sont les chefs même de la police qui soutiennent oralement leurs accusations : le garde général des forêts requiert contre les braconniers pris dans les bois de l'État ; le commissaire de police, devant le juge de paix, requiert contre les tapageurs et les ivrognes ; les procureurs ne sont que des commissaires de police d'un grade supérieur. Mais ni leur fonction d'avocat ni leur fonction de policier ne leur confère le caractère de juge. Il est probable que la loi de la division du travail, autant que la justice, finira par dissocier l'accusateur et le juge.

Cette séparation absolue assurerait l'indépendance des juges. On ne saurait trop répéter, tant ce principe élémentaire semble ignoré de l'opinion publique, des législateurs et même des magistrats, que, si nous voulons avoir des juges impartiaux, nous ne devrons *jamais* accorder ni leur nomination ni leur promotion ni une influence quelconque sur leur nomination ou leur promotion aux accusateurs, aux subordonnés des accusateurs ou aux chefs hiérarchiques des accusateurs. Il est inadmissible qu'un procureur, même scrupuleux, ne fondant ses accusations que sur des présomptions graves, puisse nuire à la carrière d'un juge qu'il trouve trop indulgent. En rattachant les accusateurs à un ministère et les juges à un autre, en exigeant des candidats aux fonctions de juge un stage égal dans l'accusation et dans la défense, on ne ferait qu'obéir aux exigences de ce principe.

Le même principe serait naturellement appliqué à la justice militaire. Si l'on tient à conserver les conseils de guerre en temps de paix, si l'on tient à leur conserver non seulement le caractère disciplinaire qu'ils doivent posséder au même titre que les conseils des autres administrations, mais le caractère judiciaire que leur ont légué d'antiques traditions, il faudra leur faire subir la même réforme et séparer aussi profondément le juge et l'accusateur militaires que le juge et l'accusateur civils. Mais ici ne nous heurtons-nous pas à une impossibilité? Nous avons pu dédoubler le chef actuel de la justice civile; pourrons-nous dédoubler le chef de la justice militaire? Nous rattachons les juges au ministère de la justice et les procureurs à l'intérieur; mais juges et procureurs militaires ne peuvent dépendre que de la guerre. La difficulté peut cependant être tournée: il suffirait, pour cela, de créer un corps de juges militaires inamovibles et permanents. Par une bizarrerie difficilement explicable, les accusateurs militaires sont plus indépendants que les juges. Leurs fonctions sont permanentes et ils peuvent être choisis[1] — ils sont en effet souvent choisis — parmi

(1) *Code de justice militaire*, art. 7.

les officiers en retraite, c'est-à-dire parmi les officiers qui n'ont plus d'avancement à demander. Au contraire, les juges sont dans la main du procureur militaire : la durée de leurs fonctions, toujours provisoires, n'est même pas fixée par la loi[1]; et ils ne peuvent être choisis que parmi « les officiers et sous-officiers en activité dans la division[2] » : ils sont donc nécessairement les subordonnés du général de division, c'est-à-dire de l'accusateur. Si l'on renversait les termes, si l'on choisissait les juges parmi les officiers et sous-officiers en retraite, si l'on rendait leurs fonctions permanentes et inamovibles, tandis que les accusateurs, pris parmi les officiers en activité, n'auraient que des fonctions provisoires et révocables, on s'approcherait un peu plus, semble-t-il, de la justice et du bon sens. — Par ce moyen ou par un autre, il est à désirer, en tout cas, que, dans la justice militaire comme dans la justice civile, le juge soit aussi indépendant du parquet que du gouvernement.

La séparation des deux magistratures n'assurerait pas seulement l'indépendance du juge; elle assurerait, devant le juge, l'égalité de l'accusation et de la défense. Pour que le juge soit impartial, il faut qu'i n'accorde pas plus de crédit à l'avocat de la République qu'à l'avocat de l'accusé. Deux moyens peuvent produire ce résultat : ou bien l'avocat de l'accusé sera un magistrat comme l'avocat de la République, ou bien le procureur de la République sera

(1) *Code de justice militaire*, art. 6. — « Les présidents et les juges... peuvent être remplacés tous les six mois... » — Ce minimum seul est fixé; au bout de six mois, ils *peuvent* être maintenus ou remplacés : il n'y a plus de règle.

(2) *Id.*, art. 7.

un avocat comme le défenseur de l'accusé. Le premier moyen est préconisé par M. Enrico Ferri dans son livre récent sur la *Justice pénale*[1]. A priori, nous n'avons aucune raison de préférer l'un à l'autre. Peut-être en effet serait-il plus habile d'élever l'avocat à une dignité que d'en priver le procureur. Mais qui sait si l'avocat tient à cet honneur? Et le procureur se croirait-il déshonoré si son crédit se mesurait exactement à la valeur de sa fonction? Quand le ministère des finances poursuit un contribuable récalcitrant, les paroles de son avocat ont-elles plus de poids que les paroles du défenseur? Pourquoi l'avocat du ministère de la police aurait-il plus d'influence que l'avocat du ministère des finances? M. Cruppi, ancien accusateur public, demande énergiquement que les accusateurs et les défenseurs soient placés sur le même rang : son exemple prouve qu'il est possible de proclamer sans froisser personne l'égalité devant le juge des représentants des deux parties.

Les deux parties, également représentées, auraient des droits égaux. Devant le juge, muet ou presque muet, elles dirigeraient les interrogatoires et les contre-interrogatoires, produiraient librement leurs témoins, leurs experts, leurs preuves : tel serait l'idéal inspiré à M. Cruppi par les institutions anglaises. Sans en rien retrancher, nous y ajouterions volontiers quelques traits. Les deux parties ne devraient-elles pas avoir un égal droit de contrôle sur les faits et gestes du magistrat? La publicité — le principe est reconnu par le Code — est

(1) Il est indiqué également dans le livre de M. Renard : *Le Régime socialiste*, p. 85. (Paris, F. Alcan.)

une garantie d'impartialité. Seules des nécessités d'ordre pratique ont pu la restreindre. Mais ces nécessités empêchent-elles l'accusateur et l'avocat d'assister à tous les actes du juge depuis l'ouverture des débats jusqu'à la proclamation de l'arrêt? Si, après les débats publics, les juges ou les jurés éprouvent le besoin de délibérer, pourquoi les deux parties ne seraient-elles pas présentes à cette délibération? Leur rôle étant fini, elles ne joueraient qu'un personnage muet, mais leur présence serait pour elles-mêmes et pour la régularité du procès une sérieuse garantie. Le juge ne doit pas même être suspecté : il faut donc que toutes ses actions soient publiques. S'il a besoin pour rédiger son arrêt de réfléchir en paix, de se recueillir loin du bruit de la salle d'audience, qu'il se retire dans la chambre du conseil, mais qu'il y soit accompagné par l'accusation et par la défense. Si les débats sont trop longs pour une audience, qu'il en renvoie la suite à une audience prochaine, mais qu'entre la fin des débats et la proclamation de l'arrêt, il ne quitte pas le palais de justice et n'autorise même pas le procureur et l'avocat à abandonner sa personne. Nul ne doit pouvoir le soupçonner d'avoir subi des sollicitations ou des influences étrangères aux débats : il doit tenir lui-même à cette surveillance des deux parties, qui est pour lui la condition de l'impartialité, c'est-à-dire de la dignité.

L'impartialité assurée, resterait à éclairer le magistrat. Mais la loi peut-elle se charger de donner la lumière? Elle peut du moins éviter d'interdire les bonnes méthodes d'information; elle peut encore exiger que le juge soit préparé par son éducation à résoudre les problèmes scientifiques, moraux et juridiques, qui se poseront devant lui. Puisque tout citoyen peut devenir juré, pourquoi l'éducation juridique ne serait-elle pas générale ? Ce n'est pas à dire qu'il faille enseigner à tous le détail de notre code. Mais tous devraient se pénétrer de son esprit. D'autre part, tous devraient avoir acquis le goût et l'habitude de la recherche méthodique. Tous devraient avoir perdu l'instinct accusateur qui nous précipite dans le jugement téméraire. A plus forte raison la pratique des méthodes scientifiques devrait-elle être exigée des candidats à la magistrature. Quand il s'agit de reconstituer les faits et gestes de Clovis, on prend toutes sortes de précautions, et l'on récuse l'autorité d'un historien qui n'aurait pas fait preuve d'esprit critique. Et l'on se contenterait à moins quand il s'agit de reconstituer la vie d'un contemporain dont la tête est en jeu ! Sans doute, le code a raison de prévenir le jury que les règles de la critique n'ont rien de mathématique. Si la loi disait aux jurés et aux juges : « Vous tiendrez pour vrai tout fait attesté par tel et tel nombre de témoins », ou : « Vous ne regarderez pas comme suffisamment établie toute preuve qui ne sera pas formée de tel procès-verbal, de telles pièces, de tant de témoins et de tant d'indices [1] », si la loi tenait un tel langage, elle irait contre les exigences de la justice et de la science. Mais c'est précisément parce que la vérité ne se calcule par mathématiquement qu'il faut apprendre à la rechercher par des procédés plus délicats. S'il suffisait de compter les témoignages ou les pièces du dossier, l'ignorance des ma-

(1) *Code d'instruction criminelle*, art. 342 : « La loi ne dit pas aux jurés : Vous tiendrez pour vrai... »

gistrats ne serait pas un danger : on pourrait même remplacer les tribunaux par des machines arithmétiques. Mais la critique des preuves exige plus d'ingéniosité intellectuelle. Cette ingéniosité s'acquiert par une éducation théorique et pratique qui manque à nos magistrats. Le stage qu'ils font dans les parquets ou les barreaux avant d'occuper un siège est suffisant pour leur donner une connaissance empirique des affaires et des lois ; il est insuffisant pour leur enseigner les règles de la critique. Quant aux juges militaires, ce stage même leur fait défaut. Et ce ne sont pas leurs connaissances historiques qui peuvent leur donner l'esprit critique : on peut savoir par cœur les péripéties de la bataille de Waterloo sans pouvoir apprécier la valeur des témoins qui l'ont racontée : une série de récits militaires, ce n'est pas de la science historique : seule cette science pourrait préparer les jeunes officiers à leurs fonctions judiciaires. — Avec une réforme de l'expertise judiciaire qui permettrait aux juges d'avoir dans les spécialistes qu'ils doivent consulter une confiance plus légitime, une réforme de l'éducation professionnelle, qui obligerait par exemple les étudiants en droit se destinant à la magistrature à faire dans les facultés des lettres des travaux d'histoire critique et de morale sociale, donnerait aux juges des méthodes plus sûres pour découvrir la vérité.

Quand toutes ces réformes, dont quelques-unes sont amorcées dans le code actuel, seront accomplies, les juges, n'ayant pas à lutter contre les institutions pour être impartiaux et éclairés, seront moins exposés à l'erreur. La fonction de l'État qui consiste à proportionner les châtiments aux fautes sera mieux remplie. Chaque fois qu' « au nom du peuple français » un innocent est condamné, ce n'est pas seulement un malheur, un accident, c'est une absurdité sociale qui se produit : l'État, voulant supprimer l'injustice, est lui-même ouvrier d'injustice. Il se nie, il s'enlève toute raison d'être. Quand un coupable est absous, la justice sans doute n'est pas réalisée, car absoudre un coupable, c'est récompenser le crime. Mais quand un innocent est condamné, non seulement le vrai coupable reçoit par l'impunité une récompense scandaleuse, mais un malheureux subit une peine scandaleuse : une double injustice est commise. Voilà pourquoi loin d'être un instrument de répression, la magistrature judiciaire devrait hésiter à frapper ; voilà pourquoi nous devons nous révolter quand elle viole les formes pour frapper ; voilà pourquoi nous devons réclamer de nouvelles garanties de justice.

CHAPITRE V

LES CAUSES DE L'INJUSTICE ET LES FONCTIONS DE L'ÉTAT (*Suite*).

I. — Causes déterminées (*fin*).

LA MAGISTRATURE MILITAIRE

L'armée substitut de la magistrature : la force pour le droit.
I. Abus de la force : 1° à l'extérieur; 2° à l'intérieur.
II. Garanties contre l'abus de la force.

Il est des cas où, bien que nous voyions distinctement quelle est la cause du mal immérité que nous souffrons, nous ne pouvons demander satisfaction à la justice ; elle est elle-même impuissante devant la force. C'est à la force que l'État doit avoir recours pour écarter les iniquités de la force : de là vient sa fonction militaire. S'il existait un tribunal international, l'armée n'aurait pas d'autre mission que d'en exécuter les arrêts. En l'absence de ce tribunal, l'armée le remplace de son mieux. Elle est le substitut de la magistrature.

Mais c'est un substitut médiocre, qui même prend parfois son métier à rebours : l'État n'en doit donc user qu'avec précaution. Nous n'avions pas à définir le domaine de la magistrature judiciaire, car elle ne saurait trop étendre sa juridiction; nous n'avions qu'à chercher si son organisation nous garantit la justice. Pour l'armée, c'est le contraire : nous n'avons pas à nous demander si son organisation nous promet la justice : l'armée, devant lutter contre la force, doit être organisée de manière à déployer le maximum de force. Mais ce qui importe, c'est que cette force ne puisse pas être tournée contre la justice ; ce qui importe c'est donc de délimiter avec soin les cas dans lesquels l'État pourra recourir à la force. Le substitut ne doit pas contrecarrer l'œuvre du magistrat.

I

A l'extérieur et à l'intérieur, l'armée joue-t-elle le rôle que nous venons de lui assigner ?

En principe, l'armée est au service du droit ; tous nos soldats apprennent par cœur une phrase de leur « théorie » qui l'affirme. Nul ne conteste que la guerre offensive soit illégitime ; tout le monde accorde que l'armée ne doit pas être un instrument aux mains d'un dictateur. En fait, qui empêche que l'armée serve, à l'intérieur, les vues d'un gouvernement oppresseur ? Qui proteste contre les guerres offensives ? Qui soutiendrait que l'armée est toujours au service du droit ?

En théorie, l'ère des conquêtes est close ; en réalité, l'Europe conquiert le monde. C'est merveille de voir comme on trouve d'ingénieux sophismes pour réconcilier cette théorie et cette pratique contradictoires. D'abord, la violence se cache, la guerre ne s'avoue pas : qui a déclaré la guerre au roi Behanzin ? La diplomatie connaît encore l'usage des traités de paix, mais elle a oublié la formule des déclarations de guerre. Parce qu'on viole le droit de la guerre, qui est le contraire du droit, on s'imagine rester dans le droit : deux négations ne valent-elles pas une affirmation ? — Ou bien, décidé à faire la guerre, on s'arrange de manière à forcer l'adversaire à la déclarer ; c'est lui qui a pris l'offensive ; c'est donc sur lui que retombe l'iniquité. C'est ainsi que les Européens justifient leurs guerres coloniales : nous restons sur la défensive, disent-ils, nous ne faisons pas de conquêtes ; nous faisons respecter, dans nos « sphères d'influence » nos intérêts lésés et nos droits méconnus ; nous poussons la grandeur d'âme jusqu'à verser notre sang pour « protéger » des trônes ébranlés. Est-ce notre faute si nos devanciers nous ont légué de cruelles obligations ? En acceptant la succession de Richelieu et de Colbert, nous avons pris l'engagement de conserver intact l'empire qu'ils ont créé ; nous devons donc repousser, ou prévenir par une offensive apparente qui n'est qu'une prudente défensive, les attaques de nos voisins. Il est vrai que, pris à l'engrenage, nous sommes contraints d'intervenir chez eux lorsqu'ils sont impuissants à nous protéger contre leurs sujets rebelles. Et il arrive qu'à notre grand regret nous leur demandions des « rectifications de frontières » pour prévenir leurs agressions futures. Mais jamais nous n'attaquons pour le plaisir d'attaquer, jamais nous ne faisons de conquêtes au sens précis du terme. — Pour faire justice de ces raisonnements il suffit de les comparer à ceux du prince de Bismarck ; lisez ses *Mémoires* : Bismarck n'a pas déclaré la guerre à la France ; il n'a pas pris l'offensive et il n'a pas fait de conquêtes en 1870. En faussant la dépêche d'Ems, il a donné à la France le rôle d'agresseur ; en faisant la guerre, il voulait simplement nous empêcher de « troubler la paix européenne[1] » ; en annexant l'Alsace-Lorraine, il n'opé-

(1) V. *Mémoires* de Bismarck, cités dans le *Temps* du 18 novembre 1898.

rait qu'une simple rectification de frontières, Metz étant « un glacis derrière lequel on peut mettre 100.000 hommes[1] ». C'est un problème psychologique de savoir s'il y a jamais eu des conquérants : les plus grands voleurs d'Empires sont, à les entendre, d'honnêtes et paisibles seigneurs qui se sont bornés à se défendre contre des attaques futures et hypothétiques, La guerre moderne, malgré ses sophismes, est donc aussi injuste que la guerre antique.

Dans leurs accès de franchise, les hommes d'État avouent leurs conquêtes. Mais, ajoutent-ils, nous sommes forcés d'en faire : tout le monde en fait ; nous ne pouvons nous abstenir sans nous affaiblir. Ainsi parlait, au temps du partage de la Pologne, un des souverains conquérants. Il ne s'agit plus de la Pologne, il s'agit du monde, mais le raisonnement n'a pas changé. On ajoute seulement quelquefois : « C'est vrai, nous nous partageons le monde, mais si nous faisons aujourd'hui ce partage, c'est pour éviter de le faire demain ; c'est la dernière opération de ce genre que voie l'univers[2] ; nous sommes les ouvriers du droit, car nous hâtons son avènement en procédant aux dernières violences. » Mais il est probable, au contraire, que les causes de guerres seront plus fréquentes le jour où les Européens, au lieu d'être séparés les uns des autres par des régions inexplorées, se heurteront sur tous les points du globe. Et l'expérience de ces derniers mois rend plus vraisemblable encore cette prévision

(1) Gabriac. *Souvenirs diplomatiques* (*Revue des Deux-Mondes*, 1er février 1896, p. 576).

(2) C'est, semble-t-il, le sens, sinon le texte, d'un discours prononcé par M. Hanotaux à Saint-Dié en 1896.

douloureuse. A moins que les mœurs pacifiques ne fassent d'immenses progrès et n'imposent aux gouvernements l'usage de l'arbitrage international, il est donc à craindre que le sang des « sauvages » exterminés dans les guerres coloniales ne retombe sur les Européens. Aucun sophisme ne justifie donc les conquêtes modernes.

Mais voici de plus sérieux arguments. Les guerres coloniales, dit-on, nous sauvent des dangers intérieurs. En « ouvrant des débouchés » à notre commerce, en fournissant du travail à nos ouvriers, elles résolvent la question sociale ; et si nous procurons ainsi plus de bonheur aux Français, qu'importent les souffrances endurées par les Tonkinois et les Malgaches ? On conviendra que ce raisonnement n'est pas inspiré par une vague sentimentalité. Mais est-il juste ? Nous pourrions remarquer d'abord qu'il est dicté par une théorie de l'État que nous avons écartée : c'est la théorie d'après laquelle l'État se charge de faire le bonheur des citoyens. Si en effet l'État n'est qu'une immense entreprise commerciale, on comprend qu'il sacrifie à la prospérité de ses commanditaires celle de ses clients ; on comprend même qu'il ait des « troupes de police » analogues à celles qui opéraient pour les anciennes compagnies de colonisation, à celles qui opèrent pour les Compagnies à charte d'Angleterre et en particulier pour M. Cecil Rhodes. Mais quelle différence y a-t-il entre ce commerce à main armée et la simple flibusterie ? Et l'État a-t-il le droit de faire servir son armée à l'enrichissement de quelques citoyens ? Si encore la guerre coloniale, comme elle en avait la prétention, résolvait la question sociale ! Mais si elle a servi à augmenter les richesses, elle n'a rien changé à leur répartition. Les colonies n'ont pas enrichi beaucoup de pauvres, mais elles ont accru la fortune de quelques riches. Après avoir favorisé l'émigration des indigents, le gouvernement s'est aperçu qu'il faisait fausse route; la main-d'œuvre étant moins chère aux colonies que dans la métropole, les indigents demandaient vite à l'État de les rapatrier. Aujourd'hui, on reconnait qu'il est nécessaire au futur colon de posséder un petit capital : 5.000 francs au moins, dit le gouvernement; davantage, dit le comité Dupleix. Or, l'homme qui dispose en France d'un tel capital, bien qu'assurément il ne soit pas riche, n'est pas non plus de ceux que tourmente la question sociale. Il faut donc renoncer à l'espoir de s'assurer la paix sociale par la guerre coloniale.

Reste la dernière théorie : la guerre coloniale est morale car elle est éducatrice. Partout nous rencontrons des sociétés imparfaites : le rapprochement est fécond; nous faisons l'éducation des indigènes et notre propre éducation. Nous répandons par le monde les bienfaits de la civilisation, et nous guérissons cette plaie de la civilisation : la maladie de la volonté. La tache originelle de la guerre coloniale n'est-elle pas effacée par les vertus qu'elle donne aux vaincus et aux vainqueurs? — Aux vainqueurs quelles vertus donne-t-elle? Sans doute, parmi les coloniaux, les héros sont nombreux. Ils sont même plus nombreux, parmi les soldats, les fonctionnaires et les colons, que ne l'imaginent la presse européenne et l'opinion publique. Sans doute aussi les exigences de la vie coloniale détruisent les routines et développent l'esprit d'initiative : dans des conditions nouvelles, il faut, sous peine de mort, innover et réfléchir. Mais il ne suffit pas que la volonté soit active et intelligente : il faut qu'elle soit bonne. Pour être bonne, elle doit savoir se régler. Or, aux colonies, la volonté tend à dépasser la limite du droit. Les gouvernements, échappant au contrôle immédiat du pouvoir métropolitain, tendent à devenir arbitraires. Et les « nécessités » de la guerre rétablissent une raison d'État dont l'histoire contemporaine de Madagascar nous a montré l'iniquité [1]. Les colons ne sont pas plus justes que les gouvernants. Une sorte de féodalité se constitue aux colonies et les nouveaux seigneurs sont plus convaincus que ceux de l'ancien régime de la supériorité de leur sang. La déclaration des droits de l'homme n'est pas un article d'exportation : cette thèse est juste si elle signifie que les Hovas et les Soudanais ne sont pas dignes d'être électeurs ; elle est fausse si elle signifie que les Hovas et les Soudanais sont indignes d'un traitement humain. Or, c'est le second sens qu'on lui donne aux colonies : on fait peu de cas de la vie d'un « sauvage » ; en le tuant, on ne se croit pas criminel, ou bien on s'accorde toutes sortes de circonstances atténuantes : « le premier des indigènes n'est-il pas inférieur au dernier des Européens [2] ? » On voit qu'aux colonies, si la volonté devient plus âpre, elle ne devient pas nécessairement plus juste. — Quant aux indigènes, il serait faux de soutenir que notre contact ne les transforme pas. Nous les trouvons ignorants et nous leur donnons

(1) Voy. Jean Carol. *Au Pays rouge.* — Cf. de Lanessan. *Principes de colonisation.* — Corre, *Ethnographie criminelle.*

(2) Jean Carol. *Au Pays rouge.* — La même phrase a été prononcée publiquement, à une audience du tribunal de Tunis, par un avocat distingué. Elle paraît donc symboliser un état d'âme fréquent aux colonies.

quelque instruction. Nous les trouvons polygames et nous les amenons à abandonner peu à peu la polygamie. De même, ils renoncent peu à peu à l'esclavage. Ce sont des progrès incontestables ; mais ils sont plus superficiels que profonds. L'Arabe devenu monogame n'est pas persuadé que la polygamie soit immorale. Cinquante ans après l'abolition de l'esclavage, il ne croit pas que l'esclavage soit injuste, et l'ancien esclave lui-même — ou son fils — ne sait trop que penser de la liberté. Nous avons changé les habitudes extérieures, non les sentiments intimes. — Pourtant, il est certains sentiments que nous avons introduits dans l'âme des indigènes : c'est d'abord une sorte de patriotisme : la guerre contre l'Européen réconcilie les races ennemies, soude les tribus éparses, inspire le loyalisme aux sujets rebelles. Partout apparaît un patriotisme haineux, mais qui sait dissimuler sa haine pour nous flatter et nous exploiter. Malgré tout, ne nous plaignons pas : c'est la plus sûre des acquisitions morales des indigènes de nos colonies. Les autres sentiments que nous leur inculquons sont en effet moins recommandables : c'est l'amour des liqueurs fortes et l'amour des fonctions publiques. Sans doute il ne faudrait rien exagérer : il est certain que la situation matérielle et morale des indigènes est meilleure aujourd'hui qu'avant notre arrivée ; en outre, l'assimilation extérieure ouvre la route à une assimilation plus profonde : à force d'imiter nos gestes, ils imiteront nos pensées. Mais quand on compare ces résultats obtenus par le fer et le feu aux résultats obtenus par les missionnaires des différents cultes, quand on compare l'œuvre d'un Archinard ou d'un Galliéni à l'œuvre d'un pasteur Coillard, à celle d'un missionnaire catholique ou à celle d'un marabout musulman, on est amené à croire que l'activité pacifique, la persuasion, la charité, sont plus fortes que la force : puisque les bienfaits de la colonisation violente sont inférieurs à ceux de la colonisation pacifique, la violence n'a pas d'excuse.]

Aucun raisonnement ne justifie donc la guerre coloniale aux yeux de quiconque admet l'illégitimité de l'offensive. La colonisation en elle-même peut être un bien ; elle est un bien pour les commerçants qu'elle enrichit ; elle est un bien pour les peuples qu'elle civilise. Rien dans les lignes précédentes n'est destiné à décourager les citoyens qui seraient tentés d'entreprendre aux colonies une œuvre économique ou une œuvre civilisatrice ; mais ni l'une ni l'autre de ces entreprises n'est affaire d'État : l'une est l'affaire des sociétés économiques ; l'autre l'affaire des sociétés religieuses ; l'État n'a pas d'autre mission que de faire respecter les droits de ses membres : à la rigueur on conçoit qu'il puisse être contraint par ce devoir à faire la guerre à quiconque foulerait aux pieds systématiquement les droits des citoyens établis à l'étranger ; mais cette juste guerre se transforme en guerre injuste quand elle se termine par une conquête. Quelques Italiens sont molestés à la Nouvelle-Orléans ; supposons que l'Italie déclare la guerre aux États-Unis pour venger ses enfants, et supposons que, par impossible, elle soit victorieuse : lui permettra-t-on d'annexer l'Amérique ? Pourtant, les Européens n'hésitent pas à annexer des États entiers à la suite de guerres entreprises pour venger quelques intérêts individuels. C'est que, en dépit des théories, nous conservons au fond de nos cœurs de vieux instincts tyranniques, d'antiques appétits sanguinaires. L'abnégation, l'héroïsme nécessaires à la guerre en voilent les cruautés. L'État est ainsi conduit, même lorsqu'il sait qu'il doit être juste, à commettre les plus terribles iniquités.

Pour nous, Français, l'absurdité d'une guerre de conquêtes est plus frappante que pour tout autre peuple. Nous professons que les peuples sont libres, nous protestons contre la violence qui nous a été faite, et nous asservissons des peuples, et nous leur faisons violence. Sans doute, on peut expliquer comment nous en sommes venus à cette politique. Ayant en quelque sorte pris l'engagement de restaurer le droit par la force, nous nous sommes habitués à l'idée de la force. De l'idée de la guerre de revanche nous avons glissé à l'idée de la guerre. Et l'idée de la guerre nous a fait oublier que le but de la guerre rêvée, c'est le rétablissement de la justice. Nous avons donc fait la guerre pour la guerre : nous avons fait la guerre inique. Mais cette explication n'est pas une justification. Au contraire, en violant le droit à notre tour nous nous sommes interdit de parler au nom du droit.

Si à l'extérieur la force n'est pas toujours la servante du droit, ne lui est-elle pas nécessairement soumise à l'intérieur? Il peut arriver que, comme les conflits internationaux, les conflits interciviques ne reçoivent pas une solution pacifique : la guerre civile éclate. L'armée supplée à la justice impuissante. La question est de savoir si elle n'intervient que dans l'intérêt de la justice.

Dans l'état de nos institutions, elle peut intervenir

contre la justice. Dans les conflits internationaux, en effet, chaque armée représente toute une nation; dans les conflits interciviques, l'armée n'est plus que le bras du gouvernement. S'il s'agit d'une querelle entre deux parties de la nation également indépendantes du pouvoir, l'armée est impartiale : son intervention est légitime. On comprend par exemple que, à défaut d'une police suffisante, on emploie la troupe à protéger les travailleurs et les patrons contre des grévistes. Le gouvernement en effet n'est pas en cause[1]. Mais quand il s'agit d'une querelle entre le gouvernement et une partie du peuple ou d'une querelle entre deux des pouvoirs publics, l'intervention de l'armée est injuste. Elle doit en effet prendre parti : elle n'est plus un arbitre, mais un combattant. Et elle est à priori du parti de l'exécutif. En effet, puisqu'elle ne fait pas de politique, elle ne doit pas savoir qui, du gouvernement ou de l'insurrection, qui, du pouvoir exécutif ou du pouvoir législatif, a tort ou raison, reste ou non dans la légalité et dans le droit. Elle obéit donc au pouvoir auquel elle a coutume d'obéir. C'est d'ailleurs son devoir légal : le pouvoir exécutif « dispose de la force armée[2] » : de vingt et un à vingt-quatre ans, tous les citoyens, quelle que soit leur opinion, sont enrégimentés dans le parti gouvernemental. Ils sont donc involontairement les collaborateurs — ou les complices — du pouvoir. L'armée est indifférente à la valeur morale des actes qu'on lui prescrit : tantôt elle réprime des attentats, tantôt elle opprime

(1) La seule question qui se pose à ce sujet est de savoir si elle doit, en ce cas, user d'armes mortelles. Et la question se pose d'ailleurs pour la police même.

(2) Loi du 25 février 1875, art. 3.

des libertés. Rien de plus démoralisant pour la conscience populaire que cette sorte d'indifférence morale de l'armée ; elle enracine dans les esprits l'idée que la force est bonne — ou mauvaise — par elle-même ; on en vient à parler des « insurgés » du 2 décembre comme des « insurgés » de 71 et des « victimes » de M. Thiers comme des « victimes » de Louis-Napoléon. Le même acte, qui est qualifié crime par les uns, est considéré par les autres comme « une opération de police destinée à rassurer la société[1] » ou comme une révolution destinée à « rétablir dans toute sa pureté le suffrage universel[2] ». C'est miracle que, dans un tel désarroi des consciences, les gouvernants, ayant en main une arme si sûre, veuillent bien nous laisser quelque liberté. C'est miracle que trente ans se soient presque écoulés sans coup d'État. La disposition même des villes modernes et les progrès de l'armement rendraient absurde toute résistance populaire[3]. Il faut supposer, pour expliquer la stabilité de nos institutions civiles et parlementaires, ou que les chefs suprêmes de l'armée, gouvernants ou généraux, ne s'entendent pas, ou qu'ils sont trop faibles, ou qu'ils sont trop modestes, ou qu'ils sont trop vieux pour avoir encore de l'ambition, ou qu'ils sont tous de très sincères démocrates, ou enfin que l'idée du droit, en dépit des apparences, commence

(1) M. de Vogüé. Discours prononcé à l'Académie française (réception de M. Hanotaux, mars 1898).

(2) M. Arthur Desjardins. Discours prononcé à la séance publique de l'Académie des sciences morales et politiques (3 décembre 1898).

(3) Cf. Seignobos. — *Histoire politique de l'Europe contemporaine*, p. 612.

à pénétrer dans tous les esprits. Mais si le droit est respecté, aucune précaution n'est prise pour assurer ce respect. L'armée, à la discrétion du pouvoir exécutif, n'est pas seulement destinée à exercer une sorte d'arbitrage entre les partis hostiles ; on lui attribue la mission de servir le pouvoir.

Faite pour repousser l'injustice extérieure, l'armée crée l'injustice par la conquête ; faite pour repousser l'injustice à l'intérieur, rien ne l'empêche de créer l'injustice par un coup de force. L'armée est en fait le contraire de ce qu'elle est en droit.

II

Pouvons-nous espérer la réconciliation du fait et du droit? Pouvons-nous espérer qu'à l'intérieur des garanties seront accordées contre l'injustice possible? qu'à l'extérieur l'injustice trop réelle verra son règne finir?

En ce qui concerne la mission de l'armée à l'intérieur, on a le droit, sans être révolutionnaire, de souhaiter d'importantes réformes. — On peut observer d'abord que, si la souveraineté populaire était réelle, les révolutions seraient plus rares et moins fondées. La prédominance de la force au gouvernement justifie l'emploi de la force dans l'opposition; réciproquement, si, au lieu du gouvernement d'un parti, nous avions le gouvernement de tous les partis, aucun d'eux n'aurait à se révolter contre un pouvoir auquel il participerait. Il n'y aurait plus de partis révolutionnaires ; quelques individualités isolées pourraient attaquer le pouvoir de vive force, mais la police suffirait à prévenir ou à réprimer leurs agressions : l'armée pourrait rester dans ses casernes. — Admettons même que les partis ne s'entendent pas pour gouverner de concert et que l'un d'eux refuse de se soumettre à la sentence de l'arbitre : il entre en rébellion, il s'arme contre les autres. Mais, dans ce cas, le gouvernement étant réellement l' « émanation du suffrage universel » a le droit d'employer l'armée contre les rebelles. Nous ne contestons ce droit qu'à un gouvernement qui représente un parti et qui, en forçant l'armée à défendre le pouvoir, l'asservit elle-même à son parti. Le gouvernement arbitral peut légitimement recourir à la force armée puisqu'il représente tous les partis, même celui qui se révolte.

Dès maintenant, n'est-il pas possible de prendre des mesures pour empêcher l'armée de servir un autre parti que celui de la justice? On pourrait décider, semble-t-il, qu'aucune force militaire ne se mettra en mouvement contre des citoyens sans une loi. L'accord du législatif et de l'exécutif serait donc nécessaire pour que le second pût disposer de l'armée. Il est étrange en effet que l'exécutif ne puisse déclarer la guerre à une puissance étrangère « sans l'assentiment préalable[1] » du législatif, tandis qu'il peut se passer de cet assentiment pour déclarer la guerre aux citoyens. — Mais, dira-t-on, la guerre étrangère n'éclate pas brusquement; au contraire une révolution surgit sans prévenir et elle aurait le temps de réussir avant que la loi soit votée. — Une telle loi serait votée rapidement, répondrons-nous, et les révolutions, si brusques qu'elles soient, exigent toujours des préparatifs qui sont connus de la police : le gouvernement aurait donc le temps d'obtenir des Chambres une autorisation légale. —

(1) Loi du 16 juillet 1875, art. 9.

Mais si les Chambres sont en vacances? — Elles pourraient, en prévision de ce cas et d'autres cas semblables, nommer, avant de se séparer, une délégation permanente. Plus simplement encore, on concevrait que les chefs militaires n'agissent que sur une réquisition signée à la fois du président du conseil et du président de la Chambre. Sans doute, cette mesure ne réaliserait pas l'idéal. Il pourrait arriver en effet que la majorité parlementaire et le gouvernement fussent d'accord pour opprimer un parti. L'idéal ne serait réalisé, encore une fois, que si le gouvernement était l'arbitre des partis. Mais, à défaut de l'idéal, nous pouvons remarquer qu'en mettant la force armée à la disposition non du seul exécutif, mais des deux pouvoirs conjoints, on enlèverait des chances de succès aux artisans de coups d'État.

Supposons que, malgré toutes les précautions, la guerre civile éclate et que la loi donne à l'armée l'ordre d'intervenir. Quel sera son rôle? En pareil cas, on lui confère, outre le droit d'user de la force, le pouvoir de juger les rebelles. Les cours martiales continuent l'œuvre des armes. A vrai dire, c'est une sorte de scandale logique que les tribunaux civils soient destitués de leurs fonctions précisément aux heures troubles où il est le plus nécessaire, pour être juste, d'avoir l'expérience et l'habitude de la justice. C'est un scandale pour la raison que les militaires soient chargés de juger précisément à l'heure où, ayant à combattre, ils n'ont pas le temps de juger. — Mais la justice est impuissante et vous avez reconnu qu'en ce cas la force doit la remplacer. — La justice est impuissante pendant le combat, mais elle serait capable de juger, sous la protection des baïonnettes, les prisonniers épargnés par le combat. — Mais la répression doit être sévère, et les soldats, plus habitués que les juges aux besognes sanglantes, sauront seuls l'assurer. — Si la répression doit être sévère, pourquoi a-t-on supprimé la peine de mort en matière politique? D'autre part, si la répression doit être sévère, les erreurs ne seront-elles pas épouvantables, et ne doit-on pas prendre plus de précautions que de coutume pour les éviter? Donnez donc aux magistrats civils le droit d'élever en ces circonstances le taux des peines, mais laissez-les juger dans les formes. — Mais ces formes sont lentes : la répression doit être immédiate; c'est pourquoi les cours martiales prononcent des jugements sommaires. — A cette objection on ne peut répondre que par des faits : depuis plusieurs mois l'émeute de Milan s'était apaisée quand furent prononcées par les tribunaux militaires les principales condamnations, et cinq ans après la Commune de Paris les conseils de guerre condamnaient encore. A qui fera-t-on croire que des juges civils auraient été moins prompts? L'armée est le substitut de la magistrature, mais toutes les fois que le magistrat peut juger lui-même, le soldat doit lui céder la place. Dans les guerres civiles, l'armée doit donc se borner à jouer légalement le rôle d'une police plus forte et renoncer à son rôle judiciaire.

Sa mission à l'intérieur étant ainsi restreinte, l'armée pourrait se consacrer tout entière à sa tâche principale. Cette tâche, nous avons dit qu'elle consiste à repousser les agressions. Pour préparer le règne de la justice, l'État doit éviter que la nation et que les nationaux souffrent, de la part d'autres nations, des peines imméritées; mais il doit éviter surtout de causer à des nations étrangères des souffrances imméritées. La loi de justice s'applique aux nations comme aux individus, par la raison très simple que les nations ne sont que des groupes d'individus. Rester sur la défensive, une défensive loyale mais ferme, telle est la politique étrangère qui dérive de cette maxime de justice. Que l'État ait des représentants partout où se trouvent des citoyens; qu'il défende leurs droits devant les autorités du pays; qu'il bataille au besoin pour les faire respecter, mais qu'il ne fasse la guerre ni pour la guerre ni pour la conquête. Si des conflits s'élèvent entre ses intérêts ou ses droits et les intérêts ou les droits des puissances étrangères, que ses agents diplomatiques consacrent tous leurs efforts à trouver des transactions; pourquoi n'irions-nous pas jusqu'à demander à l'État de proclamer qu'à l'avenir il ne s'engagera dans aucune guerre avant d'avoir proposé à son adversaire de porter le différend devant un arbitre? Il n'est pas de faux point d'honneur qui prévale contre l'obligation d'épuiser tous les moyens pacifiques avant de recourir à la force.

Ce chapitre n'est qu'un appendice du chapitre précédent. C'est faute d'un meilleur instrument que, dans des cas critiques, l'État doit demander à l'armée de suppléer la justice. Mais comme la force peut se retourner contre le droit et n'est jamais qu'un médiocre substitut du droit, il ne faut s'adresser à elle qu'en désespoir de cause : la pratique de l'arbitrage international et l'abandon de la politique conquérante; la suppression des cours martiales et la soumission de l'armée aux deux pouvoirs exécutif et législatif pourraient limiter plus étroitement le champ d'action de la force.

CHAPITRE VI

LES CAUSES DE L'INJUSTICE ET LES FONCTIONS DE L'ÉTAT (*Suite*).

I. — Causes indéterminées

LA MAGISTRATURE PHILANTHROPIQUE

Que l'État doit supprimer les causes indéterminées comme les causes déterminées de l'injustice.
La magistrature philanthropique. — I. Le droit à la vie. — II. Le droit à la propriété.

Les fonctions de l'État que nous avons étudiées, ont pour objet de supprimer les causes déterminées d'injustice. Mais, cette besogne faite, l'État n'est pas affranchi de tout devoir; il lui reste, en effet, à supprimer les injustices dont la cause est indéterminée : c'est la partie la plus difficile de sa tâche. Quand nous pouvons en effet attribuer notre souffrance imméritée à une personne ou à un groupe de personnes, rien n'est plus simple en apparence que de rétablir la justice. Pourtant nous avons vu quelles difficultés rencontre l'État dans l'accomplissement de ce devoir. Combien il lui sera plus malaisé encore de lutter contre l'inconnu et l'impersonnel, de supprimer les souffrances imméritées qui ne sont imputables ni à Pierre ni à Paul, ni aux Anglais ni aux Malgaches, mais à la société, à la race, au climat, au sol, aux microbes, à l'ignorance, à la misère, à la nature des hommes ou à la nature des choses !

Il est vrai qu'on refuse parfois à l'État le droit de s'occuper de ces injustices mystérieuses. A la rigueur on admettrait qu'il cherchât à supprimer celles dont il est la cause, mais n'est-ce pas folie, dit-on, de vouloir qu'il entre en lutte contre la nature? Pourtant, si tout son rôle consiste à détruire le mal qu'il a fait, à quoi sert-il? La société politique, occupée à tisser le jour des iniquités qu'elle déferait la nuit, ne serait qu'une Pénélope éternellement cruelle dont les hommes attendraient en vain une parole d'espérance. Et ce n'est pas seulement à cette absurdité qu'on se condamne lorsqu'on interdit à l'État de remédier aux injustices indéterminées, on lui interdit par là même de remédier aux injustices déterminées, on lui enlève toute raison d'être. Entre les deux espèces d'injustice en effet le lien est si étroit qu'on ne peut s'occuper des unes sans s'occuper des autres. Ou plutôt il n'y a pas deux espèces d'injustice, mais les causes connues et les causes inconnues de l'injustice s'enchevêtrent à tel point que l'État ne peut supprimer les premières s'il ne supprime pas les secondes. Comment en effet mesurer la valeur d'une action humaine pour fixer la sanction qu'elle mérite si l'on ignore les conditions dans lesquelles était placé l'agent? Comment dire que deux hommes ont même mérite ou même démérite, sous prétexte qu'ils commettent des actes de même valeur, s'ils ont dû, pour accomplir leurs actes, lutter contre des circonstances différentes? Appréciera-t-on de la même manière l'aumône faite par un pauvre et l'aumône faite par un riche? le vol commis par un meurt-de-faim et le vol commis par un millionnaire? De même, on ne peut pas dire que le mérite de deux hommes est inégal si leurs actions n'ont pas la même valeur, car des circonstances indépendantes de leur volonté ont pu favoriser ou contrarier l'exécution de leurs desseins et la manifestation de leurs talents ou de leurs vertus. Récompenser ou punir un homme pour un acte indépendant de sa volonté, c'est une injustice. Et il est injuste que les hommes de mérite égal n'aient pas des moyens égaux de montrer leur mérite : l'entrave que les conditions de leur existence apportent à leur activité est une souffrance imméritée. L'État a le devoir de supprimer autant que possible cette souffrance ou de la répartir également entre tous les citoyens. Quand on veut mesurer la valeur de deux chevaux de course, on les place sur la même ligne, on les charge de poids égaux : cela ne veut pas dire qu'on les rende égaux : il serait absurde de les rendre égaux, car, s'ils l'étaient, il serait inutile de les faire courir : on saurait d'avance qu'ils arriveront ensemble au poteau; mais cela veut dire qu'il faut supprimer les inégalités qui dissimuleraient leur valeur réelle. De même l'État qui, pour être juste, doit mesurer la valeur réelle des hommes, n'a pas à les rendre égaux : ce serait absurde, car s'ils étaient égaux, il serait inutile de les voir agir : on saurait d'avance que leurs activités égales mériteraient d'égales sanctions ; mais l'État doit supprimer les inégalités qui dissimulent le mérite. En déclarant qu'à mérite ou démérite égal, nobles et vilains, protestants ou catholiques, sémites ou aryens, auraient égale récompense ou égale punition, la Révolution a fait un premier pas dans cette voie. Ce pas est insuffisant : outre les différences de race, de religion ou de caste, n'y a-t-il pas d'autres inégalités qui empêchent le mérite de se faire jour et privent certains hommes du pouvoir d'agir et par suite de la récompense de leurs actions?

Si la justice exige que chacun puisse donner sa mesure, quelles que soient les circonstances dans lesquelles il est placé, elle exige d'abord que chacun puisse vivre, en second lieu que chacun puisse agir, enfin que chacun puisse recueillir le fruit de son action. Les causes indéterminées de l'injustice sont en effet de trois sortes : les unes tuent, les secondes paralysent, les dernières déconcertent l'activité. Pour lutter contre ces trois causes, l'État doit donc créer trois magistratures : ce sont celles que, faute de meilleurs termes, nous appellerons la magistrature philanthropique, la magistrature pédagogique et la magistrature économique de l'État.

LA MAGISTRATURE PHILANTHROPIQUE

A tous égards, la charité n'est qu'un nom de la justice. La charité individuelle n'est qu'une justice plus scrupuleuse, plus éclairée et plus profonde. La charité sociale, c'est la justice qui évite aux hommes une mort imméritée.

I

Son premier devoir, en ce sens, c'est de donner à tous le moyen de vivre. Un enfant naît ; il est dénué de tout ; ses parents l'entourent de soins : ils ont raison, dit Spencer, car ces soins sont dictés par le sentiment de charité, et la charité est l'œuvre de la famille ; qu'a fait cet enfant pour mériter ces soins ? Rien : il est à peine né. Mais la charité ne dit pas comme la justice : à chacun selon son mérite ; elle dit : à chacun selon ses besoins. Quant à l'État, il n'a pas à intervenir, car il applique la loi de justice et non la loi de charité. — Mais peut-on séparer les deux lois ? Supposez que les parents, par ignorance, par misère ou par négligence ne donnent pas à l'enfant les soins qui conviennent à son état : il va souffrir et mourir : qu'a-t-il fait pour mériter ce supplice ? Rien : il est à peine né. Il est donc de stricte justice qu'on lui assure l'existence, et si les parents ne peuvent, ne savent ou ne veulent pas la lui assurer, l'État a le strict devoir de les remplacer dans cette fonction. Créer des maternités, protéger la première enfance, élever les enfants abandonnés — et de même soigner les malades, — ce n'est pas seulement faire œuvre de philanthropie sentimentale, mais c'est faire œuvre de justice. Et cette justice ne consiste pas simplement à sauver quelques existences dans l'intérêt public, à protéger les sains contre la contagion des malades ou la violence des fous[1] ; cette justice consiste à soustraire des hommes au malheur immérité : quelle que soit son hérédité, quelle que soit sa santé, quelle que soit sa situation sociale, tout homme a le droit de vivre, car il n'est entièrement responsable ni de son hérédité ni de sa constitution physique ni de sa situation sociale : il est donc injuste que ces causes mettent obstacle à son existence. L'État doit prendre des mesures pour atténuer ou supprimer les accidents qui porteraient

(1) C'est la théorie exposée par M. Belot (*L'utilitarisme et ses nouveaux critiques* [*Revue de métaphysique et de morale*, juillet 1894]).

contre lui une injuste sentence de mort. Il est donc légitime d'instituer une « assistance publique » dont les agents, répandus sur toute la surface du territoire, s'efforceront de garantir à tous le droit à l'existence et de répartir équitablement entre les plus malheureux les ressources dont ils disposent pour cet objet. A défaut de la centralisation, qui, ici comme ailleurs, serait désirable, la règle de notre administration qui attribue aux départements et aux communes les plus pauvres l'excédent de ressources des plus riches n'est qu'un corollaire, d'ailleurs médiocrement déduit, de la loi de justice. L'assistance publique, en effet, n'a de raison d'être qu'à la condition d'éviter les lacunes, les bizarreries, les inégalités de la charité privée : elle n'a de raison d'être qu'à la condition de pénétrer partout et d'agir partout suivant l'équité ; elle n'a de raison d'être qu'à la condition d'être juste.

Est-il besoin d'ajouter que l'assistance publique ne supprime pas la charité privée? Les fonctionnaires de l'assistance publique, d'après la théorie qui vient d'être exposée, sont, comme tous les agents de l'État, des magistrats chargés de réaliser un des modes de la justice. De même que les citoyens ne sont pas obligés, pour régler leurs conflits, de s'adresser aux juges de l'État, mais peuvent s'entendre pour désigner des arbitres dépourvus de caractère officiel, de même à côté des magistrats de la bienfaisance les citoyens peuvent continuer à faire le bien. L'État n'est chargé de détruire que les injustices apparentes ; ses tribunaux n'interviennent pas dans les affaires qui ne leur sont pas signalées; de même il lui est difficile de secourir les misères cachées : la tâche de la charité privée est donc soit de signaler à l'État les malheurs secrets, soit de les consoler; de même qu'on s'adresse parfois à des arbitres privés pour résoudre des querelles d'ordre intime, de même on s'adressera plutôt aux bienfaiteurs privés qu'aux bienfaiteurs officiels pour panser des plaies intimes. En outre, l'État n'intervient que pour compléter l'œuvre des individus. Il ne s'occupe ni des enfants soignés dans leurs familles, ni des pauvres secourus par les particuliers. Il laisse à l'initiative individuelle toute liberté, mais il en comble les lacunes pour assurer à tous le droit à l'existence.

II

L'État doit-il se borner à assister les malheureux ?

Pour vivre, il ne suffit pas de recevoir des soins aux heures critiques de l'existence ; il est nécessaire de posséder d'une manière permanente le minimum d'objets sans lesquels on ne peut subvenir aux besoins les plus élémentaires de l'organisme. S'il est injuste qu'un homme soit exclu du « banquet de la vie » sans avoir rien fait pour mériter ce bannissement, il est juste que son couvert soit mis. Le droit à l'existence implique le droit de propriété.

Il est de mode aujourd'hui de déclarer que la propriété est la récompense du travail. Les partisans de cette doctrine n'en tirent pas toujours toutes les conséquences logiques, car ils n'admettent pas toujours que les oisifs soient des voleurs ou que les travailleurs soient les seuls propriétaires légitimes. En revanche, ils en tirent parfois des conséquences illogiques, car ils admettent que la propriété du fils soit la récompense du travail paternel. On ne se demande pas non plus assez souvent si la récompense est adéquate à l'œuvre et s'il est juste qu'un travail provisoire ait une récompense éternelle. Mais passons sur ces difficultés ; admettons que la propriété soit la récompense légitime du travail. Pour distribuer équitablement cette récompense, il faut mesurer le mérite des travailleurs ; il faut donc appeler à concourir tous ceux qui veulent travailler et remporter le prix. Mais s'il arrive que certains, plus désireux que d'autres de concourir et plus capables de remporter le prix, en soient empêchés par une circonstance indépendante de leur volonté, le concours sera faussé. Or, quiconque n'est pas déjà propriétaire sera exclu de la lutte dont la propriété est le prix. Récompense du travail, la propriété en est aussi la condition. « L'homme qui ne travaille pas ne doit pas manger, » dit un proverbe cruel ; mais l'homme qui ne mange pas ne peut pas travailler, car il meurt. La distribution des récompenses aux travailleurs ne sera donc juste que si les travailleurs possèdent déjà, avant tout travail, le minimum de propriété qui est nécessaire pour travailler. La théorie classique de la propriété ne reconnait qu'une espèce de propriété : celle qui récompense le travail ; mais il en est une autre : celle qui rend possible le travail. Et entre ces deux espèces le lien est si étroit que la première est injuste si la seconde n'est pas équitablement répartie. De la doctrine classique on doit donc déduire cette conséquence : le droit à la propriété est aussi universel que le droit à l'existence.

Cette théorie est vaguement admise par notre Code. Sans doute ni le droit à la propriété ni le droit à l'existence n'est inscrit dans nos lois [1]. Mais s'il est vrai que qui veut le plus veut le moins, nos lois nous donnent le droit à la propriété, car elles nous font un devoir d'être propriétaire. Nous ne sommes pas tenus de manger ou de boire, mais nous sommes tenus de nous vêtir et de nous loger. Faire de la nudité un délit, c'est faire du vêtement une obligation. Faire du vagabondage un délit, c'est faire du domicile un devoir. Sans doute la proscription du vagabondage est une mesure de police préventive : le vagabond est un voleur ou un assassin virtuel : ce sont ses crimes futurs qu'on veut empêcher en lui donnant le titre de délinquant. Mais, outre que cette mesure de police attente étrangement à la liberté individuelle, l'interdiction du vagabondage, quel que soit son but, a pour résultat de rendre le domicile obligatoire. Mais le domicile lui-même implique la propriété. Sans argent, on trouvera bien peut-être quelques loques pour se couvrir, mais on ne trouvera pas d'abri permanent : sans argent, pas de logement. Pour que je remplisse mon devoir, il faut donc que je sois propriétaire. On ne m'ordonne pas de vivre, mais on m'ordonne de me loger ; on ne me défend pas de mourir de faim, mais on m'interdit de coucher sous les ponts. A tout devoir correspond au moins un droit : le droit de faire son devoir. Il en résulte qu'en proclamant le caractère délictueux du vagabondage, on proclame le droit à la propriété, ou le droit au logement ou au moins le droit au travail créateur de propriété. — La conséquence est si logique que

(1) A moins que le droit de propriété, à l'article 2 de la Déclaration des droits, ne soit le droit à la propriété : ce qui est douteux.

l'État a dû créer des asiles pour les vagabonds et des dépôts de mendicité, mais la mesure est insuffisante : un jugement récent du tribunal correctionnel de Rouen ne constatait-il pas que neuf cents mendiants et vagabonds sont condamnés chaque année dans la Seine-Inférieure alors que le département n'en peut loger qu'une cinquantaine dans son asile ? En outre, ce n'est qu'un logis provisoire qu'on leur fournit : à la sortie, sont-ils devenus propriétaires ? ont-ils même une occupation assurée ? L'institution des dépôts de mendicité n'est qu'une mesure incomplète : elle prouve seulement que l'État a vaguement conscience qu'il doit assurer à tous ce minimum de propriété qui est la condition du travail et la condition de l'existence.

Comment ce devoir serait-il rempli ? En supprimant la propriété individuelle, nous disent les socialistes, et en accordant à tous une part dans l'usage des biens collectifs. — Mais les socialistes reconnaissent que, pour avoir droit à cette part des biens collectifs chacun serait tenu de travailler. L'obligation du travail serait plus absolue dans leur régime que dans le nôtre : dans le nôtre, en effet, l'oisif peut toujours prétendre qu'il ne trouve pas de besogne, que le chômage sévit sur sa corporation, tandis que, dans le régime socialiste, l'État pourra toujours occuper les citoyens; aucun prétexte d'oisiveté ne sera valable; chacun devra s'inscrire dans un corps de métier s'il n'y est pas inscrit d'office; chacun devra, en outre, faire les besognes imposées par l'État [1]. Pour les socialistes comme pour leurs adversaires, la propriété n'est pas la condition mais la récompense

(1) Voir par exemple le *Régime socialiste*, de M. Renard, p. 30, 53, 134, 143, 147.

du travail, et ils ne l'accordent à tous qu'en exigeant de tous un labeur. — Mais de quel droit l'État fait-il du travail une stricte obligation ? N'est-il pas permis d'être oisif si l'on peut vivre dans l'oisiveté sans faire tort à autrui ? Sans doute les socialistes ont raison de condamner l'oisiveté qui ne peut subsister qu'en profitant du labeur d'autrui. Mais il est à craindre que l'oisiveté des exploiteurs ne les ait trompés sur la valeur de toute oisiveté. Un homme à qui les fruits sauvages et l'eau des sources suffirait pour nourriture et le ciel étoilé pour demeure serait-il tenu de travailler ? Et même un homme qui vit de la charité publique sans exiger par des menaces ou des insultes l'aumône qu'on lui fait est-il si coupable? A ce compte, que de saints auraient été des criminels? Veut-on chasser de la terre l'ascétisme et la sainteté? — Mais l'oisif et le mendiant ne sont pas des saints, car le travail est une vertu et la mendicité dégrade en humiliant. — L'État n'a pas, nous l'avons vu, à veiller sur la vertu des individus : il n'intervient qu'au moment où le vice d'un homme fait tort à un autre. — L'oisif, reprend-on, est précisément dans ce cas : il fait tort à autrui puisqu'il prive autrui des richesses qu'il pourrait produire. — Mais voit-on où conduit ce raisonnement ? Il suppose admis qu'on n'est socialement utile que si l'on crée de la richesse, et il n'accorde aucune valeur à l'exemple de sobriété, de modération que nous offrent, seuls aujourd'hui, les mendiants, depuis que les moines ont su concilier une pauvreté individuelle avec un confort collectif. Et, d'autre part, ne voit-on pas qu'en vertu d'un semblable raisonnement, on pourra exiger de chacun de nous son maximum de rendement économique? car je fais tort à autrui en ne produisant pas tout ce qu'à la rigueur je puis produire : l'État, chargé de la direction du travail, pourra donc m'imposer le maximum de travail pour obtenir le maximum de richesses. Ainsi on ne saurait condamner, au nom de la justice, l'oisiveté inoffensive ; on n'a donc pas plus le droit de condamner l'homme au travail forcé que de le condamner au domicile forcé : l'État socialiste, à cet égard, ne serait pas plus juste que l'État actuel.

Est-il donc impossible de concevoir un État juste? L'État doit à chacun le minimum de propriété qui lui est nécessaire pour vivre en attendant que le travail suffise à l'entretenir. Est-il impossible d'ouvrir non des « refuges », des « asiles » ou des « dépôts », mais des « maisons d'attente » où l'indigent sans travail trouvera son couvert et son lit? Pour entrer dans ces maisons, il ne serait pas nécessaire de faire un stage dans une prison : les articles du code pénal qui punissent le vagabondage seraient abrogés. Pour entrer dans ces maisons, il suffirait d'être sans ressources et d'être sans travail. Elles seraient en assez grand nombre pour recueillir tous les malheureux qui réuniraient ces deux conditions. Mais on ne saurait demander à l'État de les entretenir durant toute leur vie. Ces maisons ne seraient que des maisons « d'attente ». Les administrateurs interrogeraient leurs pensionnaires sur leurs goûts, leurs aptitudes, leurs habitudes ; d'autre part, ils seraient informés des vacances d'emplois pouvant convenir à leurs pauvres : ils avertiraient ceux-ci quand se présenteraient des occasions favorables. On ne quitterait la maison d'attente qu'après avoir choisi ou accepté un emploi. Quant à ceux qui refuseront tout travail, on les abandonnera à leur sort : ils vivront, s'ils veulent, de l'air du temps ou de l'aumône des gens charitables ; la mendicité ne sera pas plus interdite que le vagabondage. L'indigent ne sera puni que s'il vole pour vivre : en effet, il n'aura plus d'excuse puisque l'État se charge de le nourrir jusqu'au moment où il aura trouvé une occupation. Sans doute, si cette conception était mise en pratique, il faudrait prendre des mesures contre les oisifs qui se promèneraient de maison d'attente en maison d'attente et seraient, durant toute leur existence, entretenus par l'État. Mais il ne serait pas impossible d'éviter cet abus. On voit donc qu'il n'est pas nécessaire de modifier la forme actuelle de la propriété pour assurer à tous le minimum de propriété qui est la condition de l'existence. Il suffit de transformer une de nos institutions : les « dépôts de mendicité », qui ne sont aujourd'hui que des prolongements des prisons, seraient remplacés par des « maisons d'attente » dont les pensionnaires seraient des citoyens malheureux, mais libres et respectés, dont les administrateurs ne seraient pas des geôliers, mais des philanthropes. Cette institution ne serait qu'une application du principe qui pousse l'État à créer des bourses d'enseignement. Ces bourses sont données aux jeunes gens méritants mais pauvres pour leur permettre d'achever leurs études ; ce sont des avances qui leur fournissent le moyen de travailler jusqu'au moment où leur travail produira ses fruits. Mais tous les hommes méritent de vivre : l'État doit donc fournir aux pauvres le moyen de vivre, leur faire l'avance, en nature ou en espèces, mais plutôt en nature pour éviter des abus, des ressources nécessaires pour attendre un emploi rémunérateur. Par l'institution d'un réseau complet de « maisons d'attente », l'État s'acquitterait de cette obligation.

La solution du problème paraît donc être intermédiaire entre la conception socialiste et la conception actuelle. L'État socialiste et l'État actuel, si différents qu'ils soient, s'accordent pour proclamer l'obligation du travail. Cette obligation, qui nous paraît excessive, serait supprimée dans la théorie qui vient d'être exposée. L'État socialiste fournit à tous le moyen de travailler, et, en échange du travail, il donne à tous sinon une propriété du moins un usufruit. L'État actuel n'assure à l'indigent ni le moyen de travailler ni par suite la propriété produite par le travail. L'État qui nous paraît désirable donnerait à tous la propriété qui est la condition du travail en attendant qu'ils puissent acquérir cette autre propriété qui est le fruit du travail. Et cette conception n'est pas inspirée par le futile désir de réconcilier les extrêmes en prenant une sage moyenne ; elle nous paraît plus juste que les deux doctrines opposées.

Deux causes indéterminées peuvent menacer notre droit à la vie : la maladie et la misère ; l'État doit donc créer deux séries d'institutions : des maisons où le malade retrouvera la santé, des maisons où le pauvre attendra le travail : c'est ainsi qu'il détournera des hommes la mort imméritée.

CHAPITRE VII

LES CAUSES DE L'INJUSTICE ET LES FONCTIONS DE L'ÉTAT (*Suite*).

II. — Causes indéterminées (*Suite*).

LA MAGISTRATURE PÉDAGOGIQUE

I. Organisation de l'enseignement public.
II. Programmes.
III. Caractère du magistrat universitaire.

Donner à chacun le moyen de vivre, tel est le but des institutions charitables de l'État. Donner à chacun le moyen de révéler ses aptitudes, tel est le but des institutions pédagogiques de l'État. Elles doivent permettre à tous de faire valoir leur mérite et de choisir dans la société une situation adéquate à leur valeur. C'est donc à une œuvre de justice qu'est conviée l'université : les membres de l'enseignement public sont des magistrats.

Comment doit être organisée cette magistrature ? Quel sera son code ? Quel sera le caractère de ses membres ?

I

L'enseignement public, pour être fidèle à sa mission, doit s'adresser à tout le monde : il faut que partout où existent des enfants, ces enfants puissent aller à l'école. Cette condition est aussi formelle pour l'instruction que pour l'assistance ou la justice. C'est pour la remplir que l'État a créé un enseignement primaire gratuit et laïque : quelle que soit sa fortune, quelle que soit sa religion, l'enfant trouve accès à l'école de son pays.

Pendant son séjour dans cette école, ses aptitudes et ses goûts commencent à se manifester. Quand il en sort, il peut soit déclarer qu'il prendra un métier, soit exprimer le désir de continuer ses études. Si son succès à l'école primaire justifie sa vocation, ses parents et ses maîtres lui permettront de la suivre. A-t-il choisi un métier qui ne réclame pas des connaissances théoriques plus approfondies ? ou bien il entrera aussitôt en apprentissage ou bien il demandera son admission à l'école technique qui prépare à ce métier. Veut-il poursuivre ses études théoriques ? Si, par un examen ou par tout autre procédé excluant l'arbitraire, on le juge capable de les continuer, il entrera à l'école secondaire.

Pendant son séjour dans cette école, sa vocation et son talent se développent ; à la sortie, il peut, de même qu'à la sortie de l'école primaire, soit déclarer qu'il n'a plus besoin d'études pour débuter dans sa carrière, soit demander à être admis dans l'école technique qui prépare au métier de son choix. Et si, par un examen ou par tout autre moyen, on lui reconnaît les aptitudes nécessaires pour réussir dans cette fonction, il entrera dans cette école sans autre formalité.

Ces divers degrés d'enseignement seront, comme l'enseignement primaire, ouverts à tous. Pour que tous, quelle que soit leur fortune, puissent faire les études que réclame leur intelligence, on adoptera sinon le système de la gratuité, du moins le système des bourses. Si ce système est critiqué, c'est qu'on en méconnait l'esprit. On a reproché à l'État d'encourager, par les bourses, le penchant qui entraîne trop de jeunes gens vers les carrières libérales et en particulier vers la carrière universitaire; mais elles sont destinées à permettre au pauvre intelligent de s'instruire et d'aspirer aux fonctions qui réclament de l'instruction et de l'intelligence. Il y a trop de candidats au professorat, s'écrie-t-on : faites donc campagne dans l'opinion pour décourager ceux qui seraient tentés de choisir cette carrière, mais ne prenez pas une mesure législative qui serait injuste. L'État n'a pas le droit de détourner artificiellement les vocations; il a au contraire le devoir d'assurer à chaque citoyen, quelle que soit sa fortune, l'emploi auquel il est appelé par sa vocation et son mérite. Supprimer les bourses ou même en diminuer le nombre de telle façon qu'un étudiant de mérite soit condamné par sa pauvreté à changer de carrière ou à interrompre ses études, c'est commettre une injustice. On concevrait même que l'État dût accorder des bourses à tout enfant qui, ayant suivi avec fruit les cours d'une école primaire, demanderait à entrer soit dans une école secondaire, soit dans une école professionnelle. Il suffirait, pour éviter des abus, de voir si les parents sont réellement privés des ressources indispensables ou de décider que les bourses sont des avances qui seront plus tard remboursées par les bénéficiaires. En tout cas, c'est à une généralisation du système plus qu'à sa suppression que doit tendre un État soucieux de la justice. De même qu'on a dû créer près des tribunaux une assistance judiciaire, de même il est légitime de créer près des écoles une sorte d'assistance universitaire ; si la première est nécessaire pour que justice soit rendue à tout le monde, la seconde est nécessaire pour qu'un enseignement approprié à leur intelligence soit distribué à tous les jeunes gens.

L'université serait donc réellement une institution publique : ce n'est pas selon la hiérarchie sociale, mais selon le mérite intellectuel de leur clientèle que seraient distingués les divers degrés d'enseignement. Deux degrés d'enseignement théorique, deux degrés d'enseignement technique s'adressant à tous les futurs citoyens, telle est l'organisation universitaire conforme à l'idéal de l'État.

II

De même que l'organisation, le programme des divers enseignements sera approprié aux divers degrés du développement mental.

Examinons d'abord le programme des écoles théoriques. Le but de ces écoles est de donner à l'enfant l'occasion de révéler aux autres et à lui-même ses aptitudes et ses goûts, afin de lui permettre de choisir librement la carrière à laquelle il a droit. Les maîtres doivent donc présenter tour à tour à leurs élèves tous les enseignements capables d'éveiller des aptitudes : les écoles théoriques doivent donner une éducation générale. Supposez en effet qu'on n'enseigne à un enfant que la littérature et qu'il ait au contraire un esprit propre aux sciences : comment sa vocation scientifique lui sera-t-elle révélée par son éducation littéraire? Les aptitudes demeurent virtuelles tant qu'un enseignement, une lecture, un spectacle ne vient pas les éveiller : il faut donc multiplier et varier les enseignements, les lectures, les spectacles auxquels on convie l'enfant pour lui permettre d'apercevoir et de manifester ses propres talents. Quand un chimiste veut déterminer la nature d'un corps, il le soumet aux réactifs les plus variés ; c'est de même en éprouvant l'esprit par les études les plus variées qu'on déterminera sa vraie nature. Et comme sa fonction sociale doit dépendre de sa nature, c'est une éducation générale qui lui permettra de trouver sa place dans la société.

A cet égard, il n'y a entre l'enseignement primaire et l'enseignement secondaire qu'une différence de degré. Ni l'un ni l'autre n'est un enseignement pratique : à l'école primaire comme au lycée, l'enfant ne fait pas l'apprentissage d'un métier ; mais à la sortie de l'école primaire comme à la sortie de l'école secondaire, il doit être prêt à choisir son métier ; ses habitudes mentales ne lui ont pas été imposées de manière à le forcer d'être bureaucrate ou contremaître ; on ne lui a fait prendre au contraire que les habitudes mentales qui lui permettent de choisir librement. De même, le bachelier idéal n'est pas celui qui se croit obligé de faire son droit ou sa médecine, c'est celui qui, ayant porté son esprit sur les sciences comme sur les lettres, sur l'histoire comme sur la philosophie, a assoupli son intelligence de manière à pouvoir faire l'apprentissage de la carrière qui convient à ses goûts et à ses qualités. Sans doute on risque, quand on comprend ainsi le programme de l'enseignement public, de tomber dans un excès : pour multiplier les épreuves auxquelles on soumet l'esprit, on multiplie les matières du programme; on veut faire entrer dans les cerveaux une véritable encyclopédie. Mais peut-être ne serait-il pas difficile, en réduisant non la liste des matières, mais, dans chaque matière, la liste des articles du programme, de simplifier l'enseignement. Tous nos pédagogues répètent avec raison qu'ils ne demandent pas aux enfants des connaissances nombreuses mais de bonnes habitudes mentales; ils pourraient donc diminuer le nombre des connaissances mnémoniques en conservant aux programmes leur variété. Dans l'enseignement secondaire, la difficulté serait plus grande puisqu'on exige des élèves des connaissances moins élémentaires. Il faudrait faire un choix. Mais comment concilier cette nécessité de choisir avec la nécessité de varier les études? Remarquons que certaines études développent des facultés identiques : il est donc inutile de les imposer toutes à l'enfant; il suffit que chacune de ses facultés ait trouvé son aliment; on peut donc grouper les études suivant des combinaisons multiples, de manière à exciter également toutes les tendances de l'esprit. La littérature française, l'histoire de l'Europe et la philosophie formeraient le fonds commun à tous les types d'enseignement : mais tandis que les uns étudieraient les littératures anciennes, les autres étudieraient les littératures modernes; tandis que les uns exerceraient leurs facultés déductives à l'aide des mathématiques pures et leurs facultés inductives à l'aide des sciences naturelles, les autres étudieraient la physique et la chimie qui supposent à la fois la pratique des méthodes mathématiques et la pratique des méthodes expérimentales. L'essentiel serait de conserver à l'enseignement une généralité qui est nécessaire pour que tous les esprits puissent montrer leur valeur.

A cette conception on ne manquera pas de faire des reproches. Elle est contraire, dira-t-on, à la loi de la division du travail. L'enseignement universitaire est déjà trop uniforme, et vous le voulez plus uniforme encore. La société réclame les instruments les plus variés, et vous soutenez que l'État doit enseigner à tous sinon toutes les connaissances, du moins un choix de connaissances qui s'adresse à toutes les facultés de l'esprit. La société veut des spécialistes et vous lui promettez des encyclopédistes. — Il est vrai que, si juste que soit la loi de la division du travail, si variés que soient les besoins de la société contemporaine, nous croyons que l'enseignement actuel est trop divisé. La séparation de l'enseignement littéraire et de l'enseignement scientifique, outre qu'elle a pour effet de gaspiller les forces des maitres en les obligeant à des répétitions inutiles, est dangereuse pour les élèves dont elle spécialise prématurément les facultés. Elle n'aurait jamais été proposée si l'Université n'était pas obligée de préparer ses élèves aux « grandes écoles » dont elle ne trace pas le programme. Mais comme le programme d'admission aux écoles polytechnique et militaire est plus scientifique que littéraire, tandis que les sciences sont, pense-t-on, moins utiles à l'avocat que les lettres, on a scindé, dès le lycée, les deux enseignements. Il est vrai que la scission n'est pas absolue; on pose aux bacheliers ès lettres des questions scientifiques et des questions littéraires aux bacheliers ès sciences, mais tout le monde sait que la littérature est aussi méprisée de ceux-ci que la science de ceux-là, et le mode actuel des examens ne permet pas aux professeurs de lutter contre la tendance des élèves à sacrifier les parties « accessoires » du programme. Qu'en résulte-t-il ? Il en résulte que nous fabriquons des hommes très incomplets et que nous ne leur permettons guère de donner la vraie mesure de leurs aptitudes. Il en résulte aussi que les liens sociaux se relâchent. Si chaque corporation, dans notre société, forme un groupe presque fermé, c'est qu'il est difficile à des membres de corporations différentes de se parler et de se comprendre. L'un, spécialisé dans le grec ou le chinois, parlerait bien de Démosthène ou de Confucius, mais l'autre, spécialisé dans la mécanique, ne saurait que lui répondre. La pluie et le beau temps, le roman à la mode, tout au plus la politique, tels sont les seuls éléments d'une conversation. Ou bien elle se réduit aux monologues successifs des différents spécialistes. Comme on fréquente les gens qu'on entend et qu'on aime les gens qu'on fréquente, notre société spécialisée se divise en groupements hostiles. Tout serait pour le mieux si les individus qui composent les sociétés étaient simplement juxtaposés. Il importe peu qu'une machine soit faite d'éléments qui s'ignorent, qui ne sont même pas de nature identique et qui ne se doutent pas de leur solidarité : que la vis ignore le bois qu'elle perfore, rien de mieux ; et il est bon qu'elle ne soit pas de même matière que le bois. Mais il importe que je sache pourquoi mon voisin agit sur moi et s'il a le droit d'agir ; je dois donc connaître non seulement mes fonctions et mes droits, mais ses fonctions et ses droits ; il importe que je comprenne son acte ; il importe donc que j'aie reçu une éducation analogue à la sienne. — En outre, il ne faut pas exagérer le rôle de la division du travail. Il est vrai que chacun a son métier et que le professeur de chinois est très différent du mécanicien. Mais en même temps que professeur, il est homme, il est citoyen, il est peut-être chef de famille : à ce titre, il est éducateur ; n'a-t-il pas besoin de connaissances physiologiques, psychologiques et morales ? Il est le client de diverses industries ; il a peut-être un titre de rente : n'est-il pas utile qu'il possède quelques notions d'économie politique et quelques idées pratiques sur la nature des choses qu'il achète ? Et même, en nous bornant à la carrière spéciale de chaque homme, en examinant les diverses responsabilités qui incombent à chaque métier, nous verrons combien l'excessive spécialisation est nuisible. Soit par exemple la carrière des armes. Pour être officier, il suffit aujourd'hui d'étudier, outre les sciences militaires, le français, l'allemand, l'histoire des batailles, la topographie générale, les mathématiques. Il est évident que ce programme a été rédigé par des hommes préoccupés avant tout de la partie technique du métier militaire. L'officier n'a-t-il donc que des devoirs militaires à remplir ? Il doit s'occuper de la nourriture, du vêtement, du logement de ses hommes ; il est leur économe : où a-t-il appris l'économie ? Il doit traiter avec des commerçants : où a-t-il appris le négoce ? Il sera juge : où a-t-il appris à juger ? Il est éducateur : « Le soldat, disait un colonel dans un ordre du jour, doit appartenir tout entier à ses chefs ; au sous-officier son corps, à l'officier son âme. » Où l'officier a-t-il appris à diriger ou même à connaître l'âme de ses hommes ? On pourrait faire des remarques analogues pour toute carrière. Une éducation générale est donc nécessaire, en dépit de la loi de la division du travail.

Ce n'est pas à dire que l'éducation générale soit suffisante. Elle n'est destinée qu'à « éprouver » la nature des esprits; mais quand l'enfant ou le jeune homme, éclairé par ces épreuves, a fait choix de sa carrière, il doit soit y entrer directement quand elle n'exige pas d'autre apprentissage, soit entrer dans une école technique, quand elle exige une préparation professionnelle.

C'est une question de savoir si l'État a le devoir de fonder lui-même ces écoles techniques. On comprend qu'il crée celles qui lui fourniront ses fonctionnaires ; mais pourquoi les chambres d'agriculture et de commerce, les syndicats, les sociétés industrielles ou les particuliers ne fonderaient-ils pas les écoles spéciales où ils recruteraient leur personnel? L'État n'interviendrait dans ces entreprises que pour exiger, à l'entrée des écoles spéciales, la preuve qu'on aurait acquis des connaissances générales. Il est bien évident, en effet, que, si cette preuve n'est pas exigée, tout l'effort fait par l'État pour mettre en lumière les aptitudes individuelles sera perdu. Pour fournir cette preuve, peu importe pour le moment qu'on emploie le baccalauréat ou tel autre moyen. L'essentiel est qu'on ne puisse pénétrer dans une école spéciale du premier ou du second degré sans prouver qu'on a suivi avec fruit les cours d'une école générale du degré correspondant.

On ne pourrait trouver étrange cette prétention de l'État que si la culture générale, par une étrange contradiction, spécialisait l'enfant et l'aiguillait fatalement vers certaines fonctions. C'est bien ce qu'on lui reproche : elle oriente exclusivement, dit-on, vers les fonctions publiques et les carrières libérales. Mais il y a de l'exagération dans cette doctrine : l'éducation générale qui est donnée dès maintenant n'est pas, comme on le répète, un obstacle aux carrières économiques. Sur 145 membres d'une *Ligue coloniale de la jeunesse*, je remarquais que 47 étaient pourvus du baccalauréat classique, 9 du baccalauréat moderne qui est aussi peu « pratique » que l'autre, et parmi les 89 autres qui n'avaient pas tous indiqué leur origine, les élèves des lycées étaient peut-être nombreux : dès maintenant l'enseignement public ne fait obstacle à aucun goût; par sa généralité même et sa variété, il pourrait devenir l'éveilleur des goûts. Son idéal est de permettre à chacun de choisir en toute liberté sa destinée. On comprend donc que, avant toute éducation spéciale, l'État exige la preuve d'une culture générale.

Mais pourquoi l'État refuserait-il de donner lui-même l'éducation professionnelle? Ne doit-il pas, s'il prend à tâche d'assurer à chacun la situation qui convient à ses facultés, fournir à tous l'éducation technique qu'ils réclament ? Une raison qui pourrait empêcher l'État de se charger de l'enseignement professionnel, c'est que cet enseignement est varié à l'infini. Suffirait-il de créer *un* enseignement spécial dans les lycées pour préparer les enfants à la métallurgie et à la colonisation ? Un enseignement primaire supérieur unique suffit-il pour former à la fois des comptables et des serruriers? On en peut douter. C'est pourquoi il nous paraît préférable de laisser à chaque corporation le soin d'organiser l'enseignement professionnel. L'État, pour remplir son devoir de justice, n'aurait qu'à entretenir à ses frais dans ces écoles privées les jeunes gens sans fortune qui lui en feraient la demande. D'autre part, si les corporations ont confiance dans les professeurs de l'État, rien ne les empêcherait de s'adresser à eux : que les chambres de commerce, par exemple, instituent dans les lycées, avec le concours des professeurs publics, des écoles commerciales, elles trouveront à cet arrangement une économie de matériel et de personnel. Le lycée, qui possède déjà une école primaire, aura ainsi son école technique du premier degré, en même temps qu'il donnera l'enseignement secondaire. Les combinaisons ne manquent pas pour sauvegarder tous les intérêts. Pour sauvegarder l'intérêt de la justice, l'État doit en tout cas créer deux degrés d'enseignement général, — et peut-être assurer le fonctionnement de deux degrés d'enseignement spécial.

III

Quel serait le caractère du fonctionnaire public chargé de remplir le programme que nous venons de tracer? Si son rôle se borne à éveiller des aptitudes, il ne doit à aucun prix confisquer l'âme de ses élèves; il ne doit ni les façonner dans l'intérêt de l'État ni même les marquer, dans leur propre intérêt, d'une empreinte qui détruirait leur individualité ; il ne doit donc ni leur imposer un dogme qu'il aurait lui-même reçu sans discuter, ni leur imposer comme un dogme ses propres opinions. Il en résulte qu'il ne doit reconnaître d'autre autorité que celle de sa conscience, mais qu'il doit soumettre sa conscience elle-même à l'examen le plus scrupuleux. Dans un travail sur l'État, il est peut-être inutile d'insister sur ce dernier devoir qui est d'ordre intime ; en outre, ce n'est pas un excès de dogmatisme qu'on reproche en général aux professeurs de l'université. C'est pour eux une tradition, c'est peut-être leur seule tradition et leur seul programme communs de laisser à l'esprit toute liberté, d'apprendre aux enfants la réflexion et la discussion, de les inviter à mettre en doute les opinions qu'ils entendent professer, d'éveiller en un mot l'esprit critique. C'est par une singulière erreur sur l'esprit universitaire que M. Barrès prétend par exemple que les professeurs de philosophie imprègnent tous de kantisme l'âme de leurs élèves : il est vrai que son kantisme est si défiguré qu'il prouve par là même la liberté avec laquelle les élèves de M. Bouteiller ont traité la doctrine de leur maître. — Il est urgent d'insister sur le droit à la liberté. Sans doute, il est rare que l'État impose une croyance à ses professeurs. Ceux qui croient à l'existence d'une orthodoxie universitaire n'auraient qu'à feuilleter les thèses des docteurs de l'Université : après avoir constaté qu'on peut soutenir en Sorbonne le néo-catholicisme aussi bien que le rationalisme et le socialisme aussi bien que le conservatisme, ils renonceraient sans doute à leurs moyens ordinaires de polémique. Pourtant si dans une thèse où il émet ses opinions personnelles, le professeur conserve son entière liberté, ne doit-il pas, dans sa classe, surveiller ses opinions ? Nous avons vu un ministre ordonner contre l'alcoolisme une prédication générale. Si légitimes que soient les motifs qui ont dicté cette mesure, ne peut-on remarquer que, dans la circulaire même qui l'explique, se trouvent des propositions discutées par les physiologistes ? Sera-t-il donc interdit aux professeurs de physiologie d'exprimer leur opinion sur ce point ? Nul ne le pense, car on connait le libéralisme de l'administration universitaire ; mais si cette administration passe à des mains plus rudes, les dogmes pourront s'imposer avec plus d'énergie. Dès maintenant, n'est-ce pas un dogme que la neutralité à laquelle, sur certaines questions, sont astreints les professeurs ? Comment faire une théorie de Dieu sans parler du miracle ? Comment faire de la Révolution un récit neutre ? Comment exposer sans conclure, quand on a une opinion très arrêtée, une discussion relative à la propriété, à la forme du gouvernement, au divorce, en un mot aux plus graves des problèmes relatifs au passé, au présent, à l'éternel ? Que doivent penser les élèves de notre apparente indifférence et croit-on qu'elle leur inspire un ardent amour de la vérité ou de la sincérité ? Qu'on nous demande l'impartialité et la tolérance, qu'on nous demande de laisser la porte ouverte à toutes les objections, de les provoquer, de les suggérer ; qu'on nous demande la prudence et le respect des consciences que nous avons à former, mais qu'on ne nous demande pas la neutralité. Demande-t-on au magistrat d'être neutre entre l'accusation et la défense ? On lui demande d'être impartial. Être neutre, c'est s'abstenir de juger ; être impartial, c'est juger conformément à la raison. Pourquoi veut-on que nous ne jugions pas suivant notre raison, nous dont le devoir est d'éveiller la raison ? Pourquoi veut-on, si nous ne sommes pas neutres, que nous mentions à nos élèves ? et ce mensonge est-il le moyen de respecter leur conscience ? L'État n'a pas plus le droit de nous imposer la neutralité, qui est une doctrine, que de nous imposer l'affirmative ou la négative. L'État n'a aucun droit sur la conscience des magistrats auxquels il confie la conscience des citoyens.

C'est pour assurer au magistrat universitaire la liberté de sa conscience qu'on réclame pour lui l'indépendance à l'égard du pouvoir politique. Déjà les deux degrés supérieurs de l'enseignement public jouissent d'une indépendance relative. Depuis longtemps, il est question de l'assurer aux membres de l'enseignement primaire. Remarquons seulement qu'il ne suffira pas, pour avoir des instituteurs indépendants, d'enlever leur nomination aux préfets pour la remettre aux recteurs : si le recteur est assailli par les sollicitations des hommes politiques et s'il dépend d'eux, on n'aura rien fait. On n'aura rien fait non plus si l'on conserve à l'instituteur ses fonctions de secrétaire de mairie : elles font de lui, en effet, soit le serviteur du maire, soit le véritable maire de sa commune : dans les deux cas, il y a une confusion fâcheuse entre un pouvoir politique et la magistrature universitaire.

Indépendant du pouvoir politique, le professeur, en effet, fera sagement de refuser les mandats politiques : il perdrait, dans les luttes des partis, son impartialité. De même qu'on interdit aux juges de briguer un mandat politique dans le ressort de leur cour d'appel, de même on pourrait interdire aux professeurs de briguer un mandat politique dans le ressort de leur académie. Cette mesure du moins s'imposerait dans l'état actuel des luttes politiques. Au contraire, sous un régime arbitral, les magistrats universitaires comme les magistrats judiciaires seraient peut-être plus désignés que d'autres citoyens pour remplir les fonctions d'arbitres entre les partis. Mais aujourd'hui s'ils sont libres, comme tous les citoyens, de donner leur avis sur la politique générale du pays, ils ne peuvent guère s'engager dans les polémiques locales sans compromettre cette indépendance qui fait la dignité de leur magistrature.

Le caractère que nous venons de reconnaître à l'Université nous indique la nature de ses relations avec l'enseignement libre. Aujourd'hui l'Université, placée sous la dépendance du pouvoir, est en opposition avec l'enseignement libre. D'une part, on semble la considérer comme l'héritière de l'Église et on lui attribue la mission de former les esprits et les caractères suivant un modèle officiel : elle s'oppose alors à l'enseignement de l'Église qui adopte ou croit adopter un modèle différent. D'autre part, on considère l'Université comme l'auxiliaire de l'État et des classes dirigeantes, et on lui demande de former des serviteurs pour l'État et pour les classes dirigeantes : elle est alors la rivale de l'enseignement libre qui se propose le même but. Dans les deux théories, l'Université représente un parti et suit les fluctuations de ce parti. Si l'abîme se comble entre ce parti et le parti opposé, si le pouvoir et la classe dirigeante se sentent attirés vers le parti qu'ils ont combattu, l'un des deux enseignements devient inutile. Si le dogme et la pédagogie catholiques redeviennent le dogme et la pédagogie de notre bourgeoisie, et si les lycées représentent un autre dogme et une autre pédagogie, les lycées sont voués à la mort. Aussi comprend-on que le parti représenté par l'Université, surpris du succès de son rival, demande à l'État de supprimer la « concurrence » et d'établir le « monopole » universitaire. Si l'on conçoit l'Université comme une sorte d'Église laïque ou comme une fabrique d'objets utiles, on comprend la rivalité des deux Églises ou des deux fabriques.

Mais aucune de ces deux définitions ne saurait nous convenir. L'Université est une magistrature : elle ne sert ni les individus ni une classe ni l'État, elle ne sert que la justice. De même que la magistrature judiciaire, elle ne peut pas avoir de rivale. De même que les citoyens ne sont pas tenus de porter leurs différends devant les tribunaux, mais peuvent avoir recours à des juges ou à des arbitres privés, de même ils ne sont pas tenus de confier leurs enfants aux maîtres officiels, mais ils peuvent avoir recours à des maîtres privés. Remarquons seulement que les sentences des arbitres privés ne sont opposables aux tiers que si elles sont ratifiées par les juges officiels ; de même les constatations faites par les maîtres privés relativement au mérite des enfants n'auront de valeur sociale que si elles sont ratifiées par les professeurs de l'État. Il n'y a pas plus de concurrence entre l'enseignement libre et l'enseignement public qu'il n'y a de concurrence entre les tribunaux publics et les jurys d'honneur ou les tribunaux d'arbitres. L'État n'a pas pour devoir de remplir ses écoles et ses lycées, mais d'établir assez d'écoles et assez de lycées pour qu'aucun enfant ne soit pas dans l'impossibilité de montrer et de développer « ses talents, ses capacités ou ses vertus ».

Tout, dans l'enseignement public, se ramène donc à l'idée de justice. C'est en vue de la justice que doivent être conçus les programmes, institués les divers degrés et les divers ordres d'études ; c'est en vue de la justice que les maîtres doivent être indépendants de toute autorité, sauf de l'autorité d'une conscience intelligente et scrupuleuse. Ce n'est pas seulement par leur robe que les professeurs ressemblent aux magistrats ; leurs fonctions sont parallèles : c'est au nom de la même justice que les uns sanctionnent les actions des citoyens et que les autres donnent aux citoyens les moyens d'agir.

CHAPITRE VIII

LES CAUSES DE L'INJUSTICE ET LES FONCTIONS DE L'ÉTAT (*Fin.*)

II. — CAUSES INDÉTERMINÉES (*Fin.*)

LA MAGISTRATURE ÉCONOMIQUE

I. Elle est chargée d'assurer à chacun un emploi.
II. Elle est chargée d'assurer à chacun le fruit de son travail.

L'homme vit, il est prêt à agir ; il se met en quête d'une occupation conforme à ses aptitudes. Mais des hasards peuvent l'empêcher de trouver l'emploi de ses forces physiques ou morales ; est-il juste que la vie de l'homme soit livrée au hasard et qu'à mérite égal deux hommes aient une carrière différente, l'une heureuse, l'autre malheureuse, parce que l'un se sera trouvé au bon moment à l'endroit voulu, tandis que l'autre n'aura pas été servi par le sort ? — D'autre part, supposons que cette première source d'injustices soit tarie : l'homme agit : mais des hasards peuvent l'empêcher de tirer de son activité un juste profit : à mérite égal, deux hommes également actifs seront inégalement récompensés de leur travail : le jeu mécanique des lois de la concurrence fait des privilégiés et des déshérités. L'État, s'il est chargé de réaliser la justice, ne doit-il pas s'efforcer de supprimer ces deux causes nouvelles d'injustice ?

I

Pour que chacun, prêt à l'emploi qui lui convient, soit sûr de le trouver, les socialistes nous offrent un moyen énergique : remettre tous les emplois entre les mains de l'État qui assignerait à chacun sa fonction. Mais, quoiqu'il ait pour but le développement de l'individu, ce procédé tient vraiment trop peu de compte de la volonté de l'individu. Directeur de toutes les entreprises, l'État aurait surtout le souci d'en assurer le bon fonctionnement ; il serait plus préoccupé de remplir les vides que de satisfaire les citoyens, et il enverrait le premier homme venu boucher le premier trou venu sans s'inquiéter de savoir si l'homme convient à la fonction. Dans ce cas, une double injustice serait commise à l'égard du citoyen : son vrai mérite serait méconnu et sa liberté serait entravée. Admettons même que l'État, en contraignant la volonté de l'individu, s'inspire de ses aptitudes réelles ; admettons qu'en contrariant ses goûts apparents il satisfasse sa vocation secrète ; admettons qu'en agissant d'autorité il prémunisse l'individu contre la paresse, la modestie excessive, la vanité ou la passion, il n'en est pas moins injuste. Son rôle en effet est de délivrer l'individu des servitudes externes qui peuvent l'empêcher de faire valoir ses droits, mais il n'a pas à l'affranchir des servitudes internes que l'individu subit volontairement ; même lorsqu'il veut dissiper l'ignorance, l'État ne pénètre pas dans la conscience de l'individu ; il ne force pas tous les enfants à s'instruire ; il ne les oblige pas à obtenir le certificat d'études primaires ; il oblige les parents à envoyer leurs enfants à l'école : c'est une servitude externe qu'il veut détruire : quelle que soit la fortune des parents, quel que soit leur goût pour l'instruction, l'enfant pourra s'instruire s'il le veut; mais nul ne le force à le vouloir. De même, l'État doit donner aux citoyens le moyen de trouver leur carrière, mais il n'a pas le droit de les forcer à prendre telle carrière plutôt que telle autre. Il n'a pas le droit de se substituer au citoyen pour prendre l'initiative d'un acte; il n'a que le devoir de donner à tous le moyen de prendre cette initiative. Ce n'est donc pas dans la doctrine socialiste que nous chercherons le moyen de soustraire au hasard la carrière des hommes [1].

Mais il suffit de dépouiller de son caractère autoritaire la thèse socialiste pour trouver une solution. Les socialistes attribuent à leurs « commissions de statistique » un pouvoir absolu sur la destinée des citoyens; mais supprimons ce pouvoir : elles deviennent, comme leur nom l'indique, des commissions chargées de dresser la liste des emplois et des hommes disponibles. Le rôle de l'État est seulement de donner à cette liste la plus grande publicité, de manière qu'aucun citoyen ne laisse échapper l'occasion d'utiliser ses forces. Aujourd'hui, cette publication est faite pour un nombre restreint d'emplois dans des journaux spéciaux : l'État indique, dans les divers bulletins de ses administrations, le nombre des places dont il dispose, le nombre des élèves qu'il se propose d'admettre dans ses écoles de

(1) Certains socialistes, comme M. Renard, n'attribuent pas à la société, en temps normal, le pouvoir de fixer à chacun sa carrière; chacun s'inscrit dans la corporation qui lui plaît; mais ce système ne diffère pas sensiblement, sur ce point, de l'état de choses actuel.

fonctionnaires ; quelquefois il annonce la vacance de certains postes et invite les candidats à se présenter. D'autre part, les syndicats ouvriers ont créé des « bourses du travail » et quelques municipalités ont institué des « bureaux de placement » gratuits. Mais ce qui manque à ces institutions pour être justes, c'est d'être généralisées et coordonnées : c'est, en un mot, d'être centralisées. Pour savoir dans quelle fonction j'ai des chances de trouver une place, je dois dépouiller de nombreux journaux, de nombreuses revues, ou visiter de nombreuses agences : encore tous les postes disponibles ne sont-ils pas connus. Au contraire, l'État pourrait centraliser tous les renseignements et leur donner, dans ses agences, ou dans son journal, la plus grande publicité. Les fonctionnaires des commissions de statistique ou des offices du travail intellectuel et manuel collaboreraient ainsi à l'œuvre de justice ; ils ne seraient ni les maîtres des travailleurs ni les directeurs du travail ; ils ne répartiraient pas la besogne entre les citoyens, mais ils éclaireraient chaque citoyen, par des renseignements désintéressés et impartiaux, sur la carrière qui convient à sa nature : ils seraient, eux aussi, des magistrats.

Suffit-il pour éliminer l'injustice de la destinée des hommes, de les renseigner sur les voies qui s'ouvrent devant eux ? Supposons qu'un citoyen, après avoir consulté la liste des emplois vacants, nous dise : « Je me sens le goût de devenir agriculteur. — Eh bien ! on demande ici un ouvrier agricole : présentez-vous. — Non, je veux être patron. Je ne vois pas pourquoi, étant aussi capable qu'un autre de diriger une exploitation, j'en serais empêché simplement parce que je suis pauvre. » Que lui répondrons-nous ?

Les socialistes lui répondront en lui faisant faire un stage dans une exploitation de l'État et en lui confiant, si, pendant ce stage, il s'en est montré capable, la direction d'une entreprise publique. Leur État lui fournira les instruments de travail, le sol, le cheptel nécessaires à l'exploitation. C'est certainement la partie de la doctrine qui présente les plus grands avantages. Pourtant nous reprocherons encore à l'État socialiste de choisir lui-même pour le citoyen la terre où il devra travailler ; il lui enlève son initiative ; il l'envoie, suivant les caprices administratifs, en Beauce ou en Provence ; il risque d'être arbitraire et, même quand il évite l'arbitraire, il contrarie la volonté du citoyen, il entrave injustement sa liberté.

C'est donc le citoyen qui, dans notre hypothèse, choisira la terre qu'il veut cultiver. Nous lui fournirons seulement les capitaux dont il aura besoin pour l'acheter ou la louer et pour l'exploiter. L'État sera son commanditaire. Comme l'État socialiste, notre État aura naturellement le droit de ne prêter son appui que moyennant des garanties. Il demandera au citoyen de lui prouver que ses ressources ne lui permettent pas de tenter l'entreprise sans le secours de l'État. Il pourra encore exiger du candidat des connaissances techniques ou un stage dans une exploitation agricole. Si l'entreprise réclame la collaboration de nombreux ouvriers, l'État cherchera à savoir si le candidat est capable de les diriger. En un mot, il devra être sûr que le citoyen qui s'adresse à lui ne manque que d'une chose, à savoir d'argent. S'il est convaincu que cette circonstance seule empêche le citoyen de se livrer au travail pour lequel il est fait, il doit supprimer cette inégalité qui est une injustice. Qu'il commandite directement les entreprises ou qu'il crée pour les commanditer une Banque à laquelle il imposerait le devoir et fournirait le moyen de se contenter d'un intérêt insignifiant, peu importe. L'essentiel est qu'il crée pour ainsi dire des « bourses industrielles », remboursables au besoin dans un délai assez long, qui permettraient aux citoyens de tenter des entreprises et d'en attendre les premiers fruits. L'essentiel est qu'il fournisse aux hommes industrieux et intelligents mais peu fortunés l'avance nécessaire pour mettre en valeur leur talent.

Cette théorie ne donnerait à l'État aucun pouvoir sur l'individu : l'État met un capital à la disposition de l'individu, mais il n'a pas à lui fixer la nature de son travail ; il ne donne pas l'ordre d'allumer ou d'éteindre les feux; il n'édicte aucun règlement d'atelier. C'est la différence qui sépare cet État de l'État socialiste. Nous ne faisons qu'appliquer à la production les règles que l'État actuel applique à la circulation des richesses. Quand l'État met des routes à notre disposition, il ne nous oblige pas à les utiliser d'une manière plutôt que d'une autre, à telle heure plutôt qu'à telle autre ; il nous défend seulement de les détériorer pour le plaisir. Il en serait de même si l'État fondait un Crédit agricole et industriel qui avancerait aux citoyens, moyennant un intérêt insignifiant ou même nul, les capitaux dont ils auraient besoin pour lancer leurs entreprises : l'État n'en réglerait pas le mode d'emploi ; il interdirait seulement de s'en servir pour jouer à la Bourse. Cet État éviterait donc l'autoritarisme de l'État socialiste.

L'État socialiste, seul industriel, aurait le monopole des entreprises. L'État qui vient d'être décrit n'aurait pas même le monopole du crédit. De même que les banques continuent à recouvrer les traites, bien que la poste se charge aujourd'hui de ce service, de même les banques continueraient à prêter de l'argent même si l'État commanditait les entreprises. Aucune industrie actuelle ne serait donc supprimée d'office par une telle institution.

Cette institution aurait cependant sur l'état social des conséquences analogues à celles que désirent les socialistes. Elle améliorerait la situation de la classe ouvrière, car elle multiplierait le nombre des entreprises ; le contrat qui lie le chef d'exploitation et ses collaborateurs serait plus librement débattu, le taux des salaires pourrait s'élever. De plus, l'État serait tenu de commanditer les entreprises collectives aussi bien que les entreprises individuelles : cette institution pourrait donc favoriser le développement des coopératives ouvrières. Enfin, la diminution ou la suppression de l'intérêt dans les prêts consentis par l'État enlèverait au capital son rôle d'exploiteur tout en lui conservant son rôle d'instrument de travail.

En dépit de ces conséquences, notre système serait critiqué par les socialistes. D'abord il aurait le tort à leurs yeux de conserver la concurrence. Mais la concurrence n'est pas toujours un mal. Elle sert parfois à mettre en lumière le mérite : quand deux industriels demandant le même prix pour les mêmes objets ont un nombre inégal de clients, c'est parfois qu'ils ont une chance inégale, mais c'est souvent qu'ils ont un mérite inégal. La concurrence n'est injuste que lorsque la différence des capitaux engagés permet à l'un de se contenter d'un bénéfice moindre ou d'acquérir à un prix inférieur ses matières premières. Mais, dans notre hypothèse, chacun pouvant trouver facilement des capitaux, les excès de la concurrence seront sinon supprimés du moins diminués, et elle ne conservera que son rôle légitime.

Du même point de vue on pourrait encore nous reprocher d'atténuer le droit au capital. Si le pauvre a, comme le riche, le droit de mettre en valeur son talent, pourquoi ne pas supprimer définitivement leur inégalité ? pourquoi lui faire des avances et non des dons ? Si vous reconnaissez à l'État l'obligation de fournir des capitaux au prolétaire méritant, de quel droit l'État reprendrait-il ce qu'il a le devoir de donner ? Mais, outre que le pur don aurait l'inconvénient de paralyser l'activité du bénéficiaire, nous pouvons répondre que celui-ci, en dépit de son droit au capital, a des devoirs envers son commanditaire. Dans la vie humaine les droits et les devoirs forment une chaîne sans fin : l'enfant a droit aux soins paternels, mais, en dépit de ce droit, il a envers ses parents un devoir de reconnaissance, et même il doit leur restituer, s'ils tombent dans le besoin, l'équivalent de leurs bienfaits. De même le citoyen a droit au capital, mais, en dépit de ce droit, il a le devoir de montrer à l'État de la reconnaissance et même de lui restituer le capital qu'il a reçu si les ressources de l'État sont limitées et si l'État a besoin de rentrer dans ses fonds pour faire des avances à d'autres citoyens. Il est donc conforme à la justice de faire aux prolétaires méritants non des dons, mais des avances.

Notre système paraît être juste ; est-il applicable ? Comment l'État trouverait-il les ressources suffisantes pour alimenter autant d'entreprises ? Ne revenons-nous pas à l'idée de la Banque du peuple, à l'utopie de Proudhon ? Bien que dans un État soucieux de la justice le choix d'un système fiscal ne soit pas indifférent, bien que les fonctions fiscales soient, comme toutes les fonctions publiques, des magistratures, nous avons de parti pris éliminé de ce travail les questions financières. Nous ne pouvons donc pas répondre longuement à une objection de cette nature. Remarquons seulement que l'État pourrait faire appel aux sentiments généreux des privilégiés de la fortune. Quand ils auront une conscience plus nette de leur devoir social, pourquoi les capitalistes ne lui offriraient-ils pas leur collaboration ? Quand ils sauront que la richesse n'est pas nécessairement la récompense et le signe du mérite, qu'elle ne sert pas seulement à alimenter, mais à exploiter le travail, pourquoi ne les verrait-on pas abandonner leurs privilèges économiques comme on a vu la noblesse de l'ancien régime abandonner ses privilèges politiques ? En versant dans les caisses de l'État des sommes destinées à commanditer les entreprises des pauvres sans réclamer un intérêt excessif, les capitalistes accompliraient une œuvre de justice analogue à celle qui fut accomplie pendant la nuit du 4 août. Ils conserveraient bien une partie de leurs richesses comme les nobles ont conservé leurs titres et leur particule ; mais ils auraient contribué à soustraire le capital aux lois aveugles de la concurrence pour le mettre à la portée du mérite.

Trouve-t-on cette solution trop hypothétique ? Nos principes nous permettent d'en donner une autre. Si nous demandions à l'État de fournir gratuitement à tous les citoyens les capitaux qu'ils désirent, ou bien nous tomberions dans la chimère ou bien nous devrions, comme les socialistes, remettre entre les mains de l'État toutes les richesses du pays. Mais il ne s'agit pas de dons gratuits, il s'agit de simples prêts : l'État, au bout d'un délai déterminé, recouvrerait ses avances. Son Trésor n'aurait pas besoin de s'enfler démesurément pour faire face aux exigences de ce nouveau service. L'État créerait une caisse de crédit où chaque citoyen pourrait verser des fonds ; on demanderait aux emprunteurs un intérêt de 1 p. 100 ; l'État donnerait une somme égale pour assurer aux prêteurs une rémunération presque équivalente au taux actuel de l'intérêt. Serait-il nécessaire d'augmenter beaucoup les charges des contribuables pour obtenir ce résultat ? Dès maintenant, l'État se propose de donner sa part aux caisses d'assurance contre la maladie et la vieillesse ; en vertu du même principe, il devrait donner sa part à la caisse de crédit industriel : il s'agit, dans ce cas comme dans l'autre, d'assurer l'homme contre une souffrance imméritée ; il s'agit d'éviter que la misère empêche l'homme de donner à son activité l'emploi qu'elle mérite.

Il n'est donc pas chimérique de demander à l'État la suppression des injustices économiques. En Tunisie, l'État français distribue aux colons, moyennant une rétribution insignifiante, des graines, des plants, des animaux ; nous ne demandons pas à l'État d'être si généreux ; nous ne lui demandons pas de perdre de l'argent en vendant aux prolétaires leurs instruments de travail ; nous lui demandons seulement de leur prêter des capitaux. S'il a déjà fait plus, ne peut-il pas faire moins ?

II

Le citoyen a trouvé son emploi : il agit. Que deviendront les produits de son activité ? Comment sera-t-il récompensé de son travail ? Les économistes répondent que les lois de la circulation et de la répartition des richesses se chargent de sanctionner l'activité humaine. Mais ces lois sont-elles justes ?

En ce qui concerne la circulation, nous pouvons noter des inégalités de traitement qui ne dépendent guère du mérite des hommes. Suivant qu'il habite une ville ou un village, un quartier central ou un quartier excentrique, un industriel vendra la même marchandise à un prix différent. Quel mérite y a-t-il cependant à habiter un point plutôt qu'un autre ? Le droit du premier occupant est-il toujours un droit légitime ? Sommes-nous responsables de la date et du lieu où nous apparaissons sur la terre ? C'est pour remédier à ces inégalités que l'État construit des routes, des canaux et des chemins de fer, établit des postes, des télégraphes et des téléphones, recouvre les traites. L'État a le droit de prendre en main toutes ces entreprises, à la condition de n'en pas faire des exploitations industrielles, mais des services équitablement répartis entre les diverses régions du pays. Il faut, autant que possible, que chacun puisse expédier ses produits partout où ils sont demandés et que chacun puisse demander les objets utiles partout où ils sont produits. L'institution d'un réseau de voies de communication et d'un réseau de postes n'est pas seulement réclamée par la fonction judiciaire et par la fonction militaire, elle est exigée par la fonction économique de l'État.

Si l'État laissait à l'initiative privée le soin de construire les routes ou les télégraphes, la construction serait faite dans l'intérêt des entrepreneurs : seules seraient tentées les entreprises productives ; certains pays seraient donc déshérités, certains autres privilégiés. Il est juste, sans doute, que les régions les plus actives soient mieux pourvues que les autres, mais il est injuste que certaines soient entièrement dépourvues. La réalisation d'un plan systématique n'étant possible que par l'État doit être l'œuvre de l'État.

Pour que la circulation des produits soit soustraite aux caprices du hasard, il ne suffit pas que les moyens de transport soient coordonnés entre les mains de l'État, il faut encore que, en passant du producteur au consommateur, les mêmes produits ne soient pas frappés d'un impôt inégal par les intermédiaires. Outre qu'il est injuste que l'intermédiaire, qui ne fait pas subir au produit une transformation importante, prélève arbitrairement un bénéfice sur la marchandise, il est injuste que des intermédiaires différents, pour un travail identique, prélèvent des bénéfices différents. Au temps où les moyens de transport étaient rares et incommodes, l'intermédiaire donnait à la marchandise une notable augmentation de valeur en la faisant venir du producteur au consommateur. On comprend donc qu'à ce moment il ait été seul juge du bénéfice mérité par son travail. Mais aujourd'hui, grâce au développement et aux progrès des moyens de transport, les marchandises viennent pour ainsi dire toutes seules de la fabrique au magasin : le travail du commerçant n'a plus son antique valeur ; il n'a plus le droit de fixer sans contrôle le bénéfice qu'il exige du client. Aussi les socialistes suppriment-ils purement et simplement les commerçants : leur État paie en bons de jouissance les produits des industriels, les centralise dans ses magasins et les donne aux consommateurs en échange des bons qu'ils ont acquis par leur travail. Les socialistes font remarquer que l'évolution générale du commerce, et en particulier le développement pris par les grands magasins, oriente notre société vers un État où tous les petits négociants auront disparu et où la collectivité jouera le rôle d'intermédiaire entre ses membres. C'est à une conclusion analogue que nous aboutissons. L'État serait une « agence générale de commerce[1] » comme il est déjà une agence générale de travaux publics. Il ouvrirait partout des entrepôts et des magasins. Seulement, comme, à la différence des socialistes, nous n'admettons pas que l'État ait des intérêts personnels, opposables aux intérêts des individus, notre État ne paierait rien et ne recevrait rien en son nom ; il ne fixerait pas les prix des marchandises exposées dans ses magasins ; c'est l'industriel qui déterminerait ces prix ; c'est l'industriel qui aurait l'initiative et la responsabilité de la vente ; l'État prêterait seulement ses locaux et, si on les lui demandait, ses agents. Il ne servirait que de courroie de transmission entre le producteur et le consommateur. Ses magasins seraient analogues à ceux qu'il met à la disposition de l'industrie pendant la durée des expositions ; sa mission serait simplement de centraliser les produits afin de les soustraire en partie aux caprices de la concurrence.

Remarquons que l'État, n'étant pas un commer-

(1) Renouvier. *Science de la morale*, t. II, p. 159.

çant, ne doit s'attribuer aucun monopole commercial. De même que l'enseignement public ne rivalise pas avec l'enseignement privé, les travaux publics ne rivalisent pas avec les entreprises privées. De même qu'il admet que les banquiers continuent à recouvrer des traites en même temps que les agents des postes, l'État doit admettre que l'initiative privée construise des lignes télégraphiques et téléphoniques, des routes, des canaux, des chemins de fer, des entrepôts et des magasins : il ne doit intervenir en ce cas que pour protéger les droits des tiers intéressés. Il n'est le concurrent de personne, car son œuvre est différente de l'œuvre des individus. Les individus construisent des routes dans leur intérêt ; ce n'est pas dans son intérêt que l'État entreprend sa tâche économique, c'est dans l'intérêt de la justice. Son but doit être de donner à tous, proportionnellement à leurs efforts, le moyen de tirer de leurs efforts un profit légitime.

La fonction économique de l'État est, comme toutes ses fonctions, une magistrature. Un ingénieur des postes ou des ponts et chaussées est un magistrat. Et en effet n'a-t-il pas à juger la valeur des intérêts opposés qui réclament son intervention? Entre deux tracés de routes, l'ingénieur n'a-t-il pas à décider et sa décision ne sacrifiera-t-elle pas des intérêts à d'autres intérêts? Il importe donc qu'il puisse voir quels sont les intérêts qu'il est légitime de sacrifier provisoirement ou définitivement. Ajoutons que c'est à cette fonction de magistrat que son rôle doit se borner. Il n'a ni à faire ni à « diriger » les travaux publics; il doit seulement en tracer le plan et en contrôler l'exécution. L'État n'est ni maçon ni charpentier, mais il peut juger le travail du maçon ou du charpentier qu'il emploie. De même que le chimiste officiel ne fait pas le vin qu'il analyse, mais détermine les conditions qu'il doit remplir et juge s'il les remplit, de même l'ingénieur officiel ne doit pas faire les routes, mais déterminer les points par où elles passeront, la largeur qu'elles auront, la nature des pierres qui les composeront et juger ensuite si toutes les conditions sont remplies. L'État ne doit « diriger » ni l'agriculture ni le commerce, ni l'industrie ni les beaux-arts ; diriger, c'est donner des ordres, et si l'État donnait des ordres aux agriculteurs, aux commerçants, aux industriels et aux artistes aucun d'eux n'aurait le mérite de ses actes : la justice, idéal de l'État, non seulement ne serait pas réalisée, mais ne serait même plus possible. L'État n'a qu'à donner les moyens d'agir et à sanctionner les actions : s'il organise d'une manière systématique les divers services chargés de régulariser la circulation des richesses, il pourra assurer à l'activité individuelle une récompense équitable.

On voit par quels traits l'État idéal ressemble à l'État socialiste, par quels traits il s'en distingue. Les socialistes conçoivent un État où tous les moyens de transport seront devenus publics et gratuits : chacun pourra se servir d'un fiacre comme chacun peut aujourd'hui se servir d'une route ; le cocher sera fonctionnaire comme le cantonnier est fonctionnaire. Que dis-je : fonctionnaire ? Il sera magistrat ! Supposez en effet qu'au même moment deux citoyens, vous et moi, nous voulions prendre le même fiacre. Nous y avons un droit égal : comment nous départager ? Le cocher, dit très logiquement un socialiste,

(1) V. Garofalo. *La superstition socialiste*, p. 26.

M. Enrico Ferri [1], nous interrogera, examinera qui de nous a plus que l'autre besoin de sa voiture et rendra une sentence avant de conduire à destination celui qu'il jugera le plus pressé. On a souri de cette conclusion : elle n'est pas si ridicule. Après tout, mieux vaudrait cette pratique que la pratique actuelle d'après laquelle, à besoins égaux et à mérite égal, le riche prend la voiture tandis que le pauvre va à pied. Peu importe que les cochers soient magistrats, si le public possède des garanties contre la partialité de ces magistrats. Or, dès maintenant, nous possédons une de ces garanties, puisque nous pouvons appeler de la décision du cocher à celle du sergent de ville. Dans l'État socialiste où l'argent serait aboli, la plus grave des causes de partialité serait elle-même supprimée. — Nous ne réclamons pas pour l'État le monopole de la circulation, mais nous demandons que l'État, par un système complet de routes et de magasins, donne à chacun le moyen de tirer de ses produits une rémunération équitable.

Arriverons-nous à des conclusions analogues en étudiant la répartition des richesses ? La loi de la concurrence, qui règle le prix des choses, règle aussi le prix des hommes. Le travail humain se vend ou se loue comme ses produits, et le « cours des hommes » varie aussi arbitrairement que le cours des cuivres ou des mélasses. A mérite égal, à travail égal, deux hommes recueillent un salaire différent, suivant l'intensité de la concurrence dans le pays qu'ils habitent. A mérite invariable, à travail égal, le même ouvrier recevra un salaire différent, suivant les variations du nombre de ses concurrents. La répartition du produit n'est pas faite, entre le patron et l'ouvrier, d'après l'évaluation de leur mérite comparé, mais d'après les hasards de la concurrence. Or, les révolutions industrielles de ce siècle ont placé dans la main du patron toutes les chances. Tandis que, sous le régime de la petite industrie, le nombre des employés n'étant pas sensiblement supérieur au nombre des employeurs, le patron a tout autant besoin de l'ouvrier que l'ouvrier du patron, sous le régime de la grande industrie, le nombre des ouvriers ayant augmenté par rapport au nombre des patrons, les patrons étant relativement plus rares et les ouvriers plus nombreux, l'égalité entre les deux associés est rompue : lorsqu'ils signent leur contrat, l'un a le droit d'avoir plus d'exigences que l'autre. L'ouvrier qui refuse de signer, ou qui rompt le contrat après l'avoir signé, n'est pas sûr de trouver un emploi nouveau, tandis que le patron qui viole le contrat ou qui impose des conditions léonines sait qu'il trouvera plus d'ouvriers qu'il n'en voudra pour remplacer celui qui refuserait de subir ses caprices. Toutes les causes qui augmentent le nombre des ouvriers ou diminuent le nombre des patrons : l'entrée en ligne de « l'armée de réserve » du travail, l'invention des machines, augmentent donc la dépendance de l'ouvrier et diminuent ses droits réels. Il a beau être libre en théorie, il est bien obligé en pratique d'accepter le salaire qu'on lui accorde : comment s'insurger contre le nombre ? et c'est le nombre même des ouvriers qui fait leur dépendance et leur misère

Chose curieuse : tous les systèmes socialistes ne sont pas également préoccupés de détruire les iniquités de la répartition. Croyant sans doute qu'il suffirait de supprimer le capital pour assurer à chacun la récompense normale de son travail, ils laissent parfois à la concurrence le soin de fixer la valeur de l'heure de travail. C'est ainsi que, pour M. Renard [1], cette valeur serait obtenue en divisant le nombre des heures de travail à accomplir par le nombre des ouvriers : ce nombre variant, le prix de l'heure varierait. Il est permis de trouver que cette variation serait injuste.

Pour approcher de la justice en cette matière il faut atténuer la concurrence. On a vu comment notre État, en multipliant le nombre des chefs d'entreprises, rendrait moins âpre la concurrence entre ouvriers. Toute mesure qui mettra les employeurs et les employés sur un pied d'égalité rendra plus juste le contrat de travail. Si le nombre des entreprises augmente, un équilibre réel tendra à s'établir entre les deux parties. Mais l'équilibre peut être obtenu par une sorte de fiction juridique : c'est le résultat qu'on cherche, depuis 1884, en votant les lois ouvrières. En permettant aux ouvriers de se syndiquer, on a voulu pour ainsi dire diminuer artificiellement leur nombre, réduire à deux têtes dans chaque corporation les deux parties en présence : elles peuvent ainsi traiter de puissance à puissance sur un pied d'égalité. De même, en instituant l'arbitrage entre patrons et ouvriers, la loi de 1892 considère comme deux puissances égales les deux parties en conflit. Ainsi on veut arriver à rendre au contrat de travail ses garanties de justice en établissant l'égalité entre les deux contractants. Mais ne pourrait-on pas faire davantage ? L'État ne pourrait-il pas déterminer sinon la liste des clauses obliga-

(1) *Régime socialiste*, p. 168 et suivantes.

toires, du moins la liste des clauses prohibées du contrat de travail. Si l'on hésite à lui confier le soin de fixer le taux des salaires, pourquoi ne lui serait-il pas permis de fixer un salaire minimum ? On protestera sans doute, au nom de la liberté, contre cette théorie. N'est-il pas entendu que l'industriel est maitre chez lui ? et l'État n'a pas à intervenir dans le domicile privé. A vrai dire, ce raisonnement, si courant qu'il soit, est une simple naïveté. Comment se plaindre de l'intervention de l'État entre le patron et l'ouvrier quand on tolère son intervention entre le mari et la femme, entre le père et l'enfant ? Il n'est pas permis au père de déshériter son fils même s'il n'a rien fait pour mériter la fortune paternelle, même s'il a tout fait pour la perdre. Et il serait permis au patron de priver l'ouvrier d'une partie du produit de son travail, sans que l'État puisse intervenir. — Sans doute, dira-t-on, car l'État n'intervient en faveur de la femme et de l'enfant que parce qu'ils sont légalement des mineurs, tandis que l'ouvrier, jouissant de la plénitude de ses droits civils, traite d'égal à égal avec son patron et n'a besoin d'aucun protecteur. — Mais c'est justement ce qui est contesté. Légalement, l'ouvrier vaut son patron : ils ont le même titre de citoyen, mais par suite de circonstances contre lesquelles il ne peut rien, il est réellement inférieur à son patron : la loi a donc le droit de rétablir l'égalité réelle que les conditions de la vie économique ont détruite. A toutes les lois ouvrières, il est donc légitime d'ajouter une loi réglementant le contrat de travail.

Tout ce que nous venons de dire du travail manuel s'applique d'ailleurs à tout travail. Il est aussi injuste de laisser le hasard fixer le prix d'un tableau qu'il est injuste de laisser le hasard fixer le prix du sucre. Il est aussi injuste de laisser au hasard la destinée de l'artiste que la destinée de l'ouvrier. Des individualistes comme Spencer s'accordent avec des socialistes pour déclarer que l'effort de l'homme doit être d'atténuer la loi de la concurrence. Est-il suffisant de chercher à l'atténuer ? Ne faut-il pas s'efforcer de remplacer ses caprices par des décisions plus raisonnées ? N'est-il pas injuste que le bonheur ou le malheur des hommes dépende non de leur mérite ou de leur démérite, mais des variations de leur nombre ? C'est pour remédier à cette injustice que l'État doit régulariser l'échange des produits et la répartition des richesses.

Pour détruire les causes indéterminées d'injustice l'État doit donc mettre les individus à même de vivre, à même d'agir, à même de tirer un juste profit de leur activité. Ce n'est pas les nourrir, les faire travailler, leur acheter leurs produits, mais ce n'est pas non plus laisser au destin le soin de leur existence, de leur travail et de leurs œuvres. Le rôle de l'État vis-à-vis de l'individu n'est ni le rôle d'une Providence ni le rôle d'un soliveau ; c'est le rôle d'un juge équitable.

CONCLUSION

La méthode indiquée dans l'*Introduction* a-t-elle été suivie? — Caractère empirique et caractère rationnel de l'Etat décrit dans ce travail.

Avons-nous, au cours de ce travail, fidèlement suivi notre méthode? Avons-nous utilisé, pour définir l'idéal politique et pour déterminer les moyens de l'atteindre, l'expérience et la raison?

Que notre idéal ne soit ni entièrement rationnel ni entièrement empirique, c'est ce qu'il est facile de montrer. Il n'est pas entièrement empirique, car nos contemporains eux-mêmes souhaitent tantôt, que l'État soit tout, tantôt qu'il ne soit rien, tantôt que l'individu soit tout, tantôt qu'il ne soit rien, mais ils souhaitent rarement que l'État soit l'arbitre des individus. Il n'est pas empirique, car en fait peu de conditions sont réalisées pour donner à l'État l'impartialité ou l'universalité nécessaire à son rôle d'arbitre. Mais notre idéal n'est pas non plus entièrement rationnel, car c'est le spectacle des conflits qui surgissent, dans nos institutions et dans nos esprits, entre l'individualisme et l'étatisme qui nous a suggéré le désir de les concilier : et ne sont-ils pas conciliés quand, au lieu de prendre pour fin l'individu ou l'État lui-même, on assigne à l'État le devoir de réaliser la justice entre les individus? Notre idéal n'est pas entièrement rationnel : il est en partie réalisé puisqu'il n'est après tout que l'idéal de la

Déclaration des droits. Ainsi notre définition de l'idéal satisfait aux conditions exigées par la méthode de la morale sociale.

Quant aux moyens, ils devaient être fournis par un raisonnement analytique qui, partant de la définition de l'idéal, aboutirait à la réalité actuelle. En supposant la justice réalisée, en cherchant les causes de sa réalisation et les causes de ces causes, nous devions arriver à la description d'un État qui pourrait être l'effet du nôtre, de telle sorte qu'en orientant nos institutions actuelles dans cette voie on pourrait arriver plus tard à réaliser l'idéal. — Que tous les termes de ce raisonnement aient été exposés aux yeux du lecteur, c'est ce que nous ne voudrions pas affirmer. Il eût fallu, pour faire cette exposition, non seulement étendre outre mesure le champ de ce travail, mais donner un avis sur toutes les questions de la politique contemporaine, l'impôt progressif et le baccalauréat, la suppression des octrois et la défense des côtes, l'alliance russe et le péril protestant : on trouvera sans doute assez ambitieuse la tâche que nous nous sommes fixée et l'on comprendra que nous ne lui ayons pas donné plus d'extension et plus de prétention : il serait trop présomptueux de déterminer toutes les phases par lesquelles devrait passer notre société politique pour arriver à réaliser l'idéal. Aussi beaucoup de moments de notre raisonnement, parce qu'ils représentaient un État soit trop lointain soit trop rapproché, ont-ils été passés sous silence. Telle quelle, notre conception se présente comme assez voisine de l'État actuel pour être réalisable, assez voisine de l'État idéal pour être désirable. Elle est voisine de l'État actuel, car elle conserverait à cet État presque toutes ses fonctions : il ne serait plus ni typographe, ni fabricant de tabac ou d'allumettes, ni fabricant de canons ou de cuirassés, ni propriétaire, ni prêtre, mais il serait toujours juge et policier, soldat et diplomate, ingénieur et professeur. L'administration serait aussi centralisée qu'aujourd'hui, et ce serait le suffrage universel qui mieux qu'aujourd'hui désignerait les gouvernants. Notre conception est voisine de l'État idéal parce que, en modifiant le moins possible le mécanisme de l'État actuel, elle en changerait l'esprit. Au lieu d'être entre les mains d'une majorité qui n'est souvent qu'une minorité, l'État serait le représentant de toutes les volontés, puisqu'il serait leur arbitre impartial. Au lieu d'être un instrument d'oppression pour les fonctionnaires et pour les citoyens, la centralisation administrative serait un instrument de justice puisqu'elle n'aurait d'autre but que de répartir équitablement entre tous sans exception les différents services publics. Et toutes les administrations ou plutôt toutes les magistratures de l'État, ayant plus qu'aujourd'hui conscience du but essentiel de la société politique, contribueraient à l'œuvre de justice. Elles auraient même devise : laisser à l'individu l'initiative de l'action, mais lui donner, s'il ne les a pas, les moyens de prendre cette initiative et lui assurer, l'action faite, une sanction; laisser agir, mieux encore donner le pouvoir d'agir, puis sanctionner l'action ; n'intervenir dans la vie de l'individu ni pour le paralyser, ni pour le diriger, mais intervenir pour lui permettre de montrer son mérite et intervenir ensuite pour apprécier ce mérite. En supprimant les deux grandes causes d'injustice, l'État remplira sa mission.

S'il est vrai que l'État dont nous avons esquissé le portrait soit à la fois voisin de l'État révélé par l'expérience et de l'État défini par la raison, nous avons fidèlement suivi notre méthode : notre étude est donc terminée. Son objet serait atteint si elle avait fourni aux lecteurs non pas la solution définitive de tous les problèmes sociaux, mais un principe assez lumineux pour éclairer leur conscience politique. Son objet serait atteint si elle offrait aux esprits non pas le plan détaillé de l'État idéal, mais l'idée directrice capable de coordonner toutes les institutions publiques. Son objet serait atteint si elle avait démontré à quelques-uns qu'ils ne doivent juger les lois, les événements, les doctrines et les hommes politiques ni au nom de leur propre intérêt ni au nom de la raison d'État, mais au nom de la justice ; si elle leur avait démontré qu'au moment de choisir un gouvernant, ils ne doivent lui dire ni : « Promettez-nous le bonheur », ni : « Veillez aux droits de l'État », mais : « Jurez de n'écouter que la voix de la justice. »

TABLE DES MATIÈRES

INTRODUCTION

MÉTHODE DE LA MORALE SOCIALE

CHAPITRE PREMIER

L'IDÉAL DE L'ÉTAT

CHAPITRE II

LES CONDITIONS DE LA JUSTICE ET LA FORME DE L'ÉTAT

L'ARBITRAGE POLITIQUE

CHAPITRE VI

LES CAUSES DE L'INJUSTICE ET LES FONCTIONS DE L'ÉTAT (*Suite.*)

CHAPITRE VII

LES CAUSES DE L'INJUSTICE ET LES FONCTIONS DE L'ÉTAT (*Suite.*)

CHAPITRE VIII

LES CAUSES DE L'INJUSTICE ET LES FONCTIONS DE L'ÉTAT (*Fin.*)

CONCLUSION

ÉVREUX, IMPRIMERIE DE CHARLES HÉRISSEY

Coulommiers. — Imp. Paul BRODARD. — 114-99.

www.ingramcontent.com/pod-product-compliance
Ingram Content Group UK Ltd.
Pitfield, Milton Keynes, MK11 3LW, UK
UKHW020136220726
13923UKWH00001B/205

9 782019 131531